# LA DISSERTATION DE PHILO

*Sous la direction de*
Raphaël Enthoven

# LA DISSERTATION DE PHILO

*avec*

Marc-Henri Arfeux
Philippe Danino
Carole Diamant
Michel Eltchaninoff
Nicolas Franck
Nathalie Monnin
Charles Pépin
François Pépin
Pascal Séverac

LES NOUVEAUX CHEMINS DE LA CONNAISSANCE

Fayard/ france culture

Ouvrage édité sous la direction d'Anthony Rowley

L'éditeur remercie Adèle Van Reeth

ISBN : 978-2-213-65463-8

# AVANT-PROPOS

La philosophie est un mets délicat auquel le gavage enlève toute saveur.

En limitant l'enseignement de la philosophie à la classe de Terminale, le système éducatif marche littéralement sur la tête et fait, trop souvent, un calvaire du bonheur de penser. Au lieu de prendre le temps, sur plusieurs années, d'éveiller les élèves et de les habituer à de délicieux paradoxes, de leur montrer que la philosophie ne fait que traduire précisément les questions qu'ils se posent eux-mêmes depuis toujours, l'école contraint les futurs bacheliers à ingurgiter, en quelques mois, une foule de notions fondamentales et toutes les difficultés d'un lexique désincarné. Il n'en faut pas davantage – à moins de tomber sur un professeur exceptionnel – pour qu'un élève, fût-il de bonne volonté, voie dans le vocabulaire de la philosophie un jargon indigeste, tienne les questions qu'elle pose pour autant de faux problèmes, accrédite l'image dérisoire du philosophe perdu dans sa tour d'ivoire, réduise la philosophie à un luxe auquel on renonce au moment de gagner sa vie, et se représente, enfin, l'épreuve du baccalauréat comme une montagne à gravir. Tant que les lycéens n'auront pas la chance d'aborder la philosophie dès la seconde (ou même dès le collège), des livres comme celui-ci ne sauraient être tout à fait inutiles.

Notre ambition n'est évidemment pas, ici, de proposer des recettes ni de traiter tous les sujets du bac, mais de distiller des conseils méthodologiques au hasard d'une discussion de bonne foi, de montrer, par l'exemple, que la philosophie permet d'être en désaccord sans être ennemis, et qu'enfin l'exercice faussement redoutable de la dissertation peut être aisément surmonté à condition de ne rien dire qu'on ne puisse démontrer.

Et puis – l'honnêteté imposant de subir soi-même les épreuves qu'on inflige – en se prêtant, de bonne grâce (parfois sous les yeux de leurs élèves) au jeu de la dissertation en temps réel, les neuf professeurs de Terminale dont les propos composent ce recueil n'ont pas seulement fait œuvre de pédagogues, mais pris un risque qui force le respect.

Ce livre leur est dédié, comme à tous leurs collègues.

R. E.

Ce livre est issu d'une semaine d'entretiens radiophoniques avec Raphaël Enthoven, consacrés au Bac Philo, diffusés sur France Culture en juin 2008 et en avril et juin 2009, dans le cadre des « Nouveaux chemins de la connaissance ». Il a été mis en forme et, par endroits, précisé, grâce à la philosophe Adèle Van Reeth.

Fidèles à leur titre et à leur vocation, « Les nouveaux chemins de la connaissance » se conçoivent comme une encyclopédie parcellaire, et empruntent les voies de la musique et de la philosophie pour donner, simplement, à penser le réel dans sa complexité.

Raphaël Enthoven en est le producteur délégué depuis août 2007.

# *Le temps est-il notre malheur ?*

par Marc-Henri Arfeux

*Raphaël Enthoven* : Avec Marc-Henri Arfeux, qui enseigne en Terminale littéraire au lycée Édouard-Herriot à Lyon, nous allons nous demander si le temps est notre malheur. A priori, si j'étais un lycéen, je dirais : « C'est une évidence. »

*Marc-Henri Arfeux* : Oui, justement, l'intérêt premier de ce sujet est de nous confronter avec une évidence apparente, de voir d'emblée ce que, je crois, tout sujet de philosophie est censé proposer à un lycéen. Un sujet de ce type lui permet de se confronter avec ce qui lui semble le plus clair et le plus familier, pour, d'une part, s'apercevoir que cette évidence première est en fait mystérieuse, qu'elle doit être explorée, éclaircie et, d'autre part, s'apercevoir que derrière cette évidence, nous le savons tous en philosophie, il y a des renversements possibles.

*R. E.* : Et donc, ne pas négliger, quand on est lycéen, le sentiment de l'évidence. Ne pas bannir ce sentiment-là. Accepter cette candeur initiale de philosophe face à un sujet. Accepter ce qui nous vient à l'esprit, c'est aussi un réflexe, peut-être le premier, que doit avoir un bon bachelier.

*M.-H. A.* : Absolument. Parmi les conseils méthodologiques que je donne à mes élèves, j'insiste toujours sur le fait qu'on doit, dans la lecture d'un sujet, d'abord faire fi de toute recherche anticipée, de toute lecture préparatoire. Il faut commencer par interroger, sans l'aide d'aucun document, ce que la question posée nous demande, ce qui en elle est susceptible de nous concerner en tant qu'homme. Il faut d'abord discerner en quoi cette question résonne dans notre expérience concrète, par exemple par quelques questions que le candidat peut formuler, quelques définitions qui lui viennent à l'esprit. Tout ce qui peut jaillir de sa propre existence.

*R. E.* : On va y venir. Juste pour rester un instant sur cette première impression face au sujet : bien souvent, le réflexe de l'étudiant, qui pense qu'il doit bien faire en faisant cela, est de mobiliser ses connaissances sur un sujet : « Ah ! j'ai “le temps”. Qu'est-ce que je sais sur le temps ? » De noter ses connaissances. Or cela devrait venir dans un second moment.

*M.-H. A.* : En effet. Je crois que la première chose à faire face au sujet, c'est de se poser à nu – comme on vient de le dire – la question de savoir ce qu'il signifie, quels sont les concepts qui s'y trouvent mis en relation. Par exemple, ici le « temps » et la notion de « malheur » renvoient évidemment aussitôt à des notions du programme. Il ne faut pas se précipiter tête baissée vers ses connaissances, mais plutôt voir quelle est l'articulation qui nous est proposée entre ces notions.

*R. E.* : Et construire une problématique.

*M.-H. A.* : C'est indispensable.

*R. E.* : Alors, comment, en articulant ces deux termes, obtient-on une problématique ? Comment procède-t-on ?

*M.-H. A.* : Je pense que la confrontation des deux notions, qui viennent de chapitres apparemment séparés, montre qu'elles se rejoignent à travers l'idée d'une expérience humaine, une expérience que nous pouvons tous avoir dans notre propre vie. Cette expérience est celle des heurs et malheurs, de tous les accidents et désagréments de l'existence, ou, d'une façon plus fondamentale, de tout ce qui serait plutôt de l'ordre de l'affliction, voire de la tristesse même de notre condition, et qui serait à relier avec cette réalité que nous vivons subjectivement : le temps.

*R. E.* : Nous vieillissons et cette vieillesse ne promet aucune récompense, hormis celle d'avoir à mourir un jour.

*M.-H. A.* : Exactement.

*R. E.* : Ça part mal...

*M.-H. A.* : Ça part mal. La question est de savoir d'abord ce que cela signifie. Le sujet est bien : « Le temps est-il notre malheur ? » Il faut être attentif à ce « notre », parce que, bien sûr, il a une importance fondamentale, qui est de savoir si, finalement, nous avons des malheurs dans le temps, qui s'expriment à travers la temporalité, sans forcément la concerner en tant que telle, ou si, au contraire, ce n'est pas le fait du temps lui-même qui, s'imposant à nous, fait notre malheur. Ce qui serait tout à fait différent. Car, à ce moment-là, ce serait notre condition d'homme temporel, non seulement par rapport à la mort mais par rapport à d'autres éléments liés à celle-ci, qui interviendrait.

*R. E.* : En somme, est-ce que le temps nous attaque de l'extérieur, comme un adversaire qui viendrait nous abîmer la peau, flétrir notre visage, abîmer notre voix, nos réflexes, notre force ? Ou bien, est-ce que nous sommes nous-mêmes temporels de part en part, de sorte qu'il ne faudrait pas considérer que le temps et l'homme sont deux choses différentes mais que, comme dit Jankélévitch, « l'homme c'est du temps à deux pattes » ? Est-ce qu'on ne peut pas ajouter une autre distinction à la proposition que vous faites, qui serait la distinction entre l'homme et l'animal ? Le terme « notre » désigne peut-être aussi l'expérience humaine. Rousseau explique dans son *Discours sur l'origine et les fondements de l'inégalité parmi les hommes*, à la suite de Pascal d'ailleurs, que l'homme est le seul des animaux à savoir qu'il va mourir. Que de là est née l'idée d'une conscience de la mort, et que de là est née aussi l'idée d'une existence qui serait une tragédie parce qu'elle est lestée, alourdie par la représentation de son terme.

*M.-H. A.* : Vous avez tout à fait raison. Je crois qu'il serait extrêmement utile de faire cette distinction au cours du devoir. À quel moment la placer, c'est à l'élève de le voir, selon le type de parcours qu'il veut organiser. Mais, à mon avis, elle doit apparaître assez tôt, car si nous parlons d'un malheur qui serait nôtre, il s'agit d'un malheur spécifiquement humain. Je crois qu'il faut le signaler. On peut s'appuyer sur la remarque de Rousseau, on peut aussi songer à Bergson, lorsqu'il analyse, dans *L'Énergie spirituelle*, la notion de conscience : il en vient immédiatement à la détermination de celle-ci par le temps. Ce qui structure la conscience humaine, c'est-à-dire le rapport d'un esprit à soi-même, c'est qu'il n'est pas simplement jeté dans l'immédiateté du présent, mais qu'il a un rapport avec un passé, une mémoire, qui garantit son identité, mais aussi un futur, sous la forme de ce que Bergson appelle une attente à la vie. Et je pense que, de ce point de vue-là, par cette qualification bergsonienne de la conscience en relation avec le présent, le passé et l'avenir, nous voyons bien que nous sommes effectivement structurés par le temps en tant que sujets conscients, et qu'à ce titre le temps est peut-être notre malheur.

*R. E.* : Bergson, immense penseur, tout à fait lisible en Terminale. Il est nécessaire de le lire, tant Bergson a ce génie de tenir son lecteur par la main, de l'emmener de façon très argumentée vers des espaces où même la raison manque d'air.

*M.-H. A.* : Effectivement. Pour ma part j'utilise beaucoup Bergson en Terminale, avec succès, car c'est un philosophe qui parle aux élèves, dans la mesure où il va à l'envers de l'idée générale qu'un élève de Terminale se fait de la philosophie, comme d'une discipline austère qui ne pourrait jamais, osons le dire, entrer en relation avec la sensibilité. C'est un tort de croire que la philosophie devrait nécessairement être austère, même là où elle est la plus conceptuelle, et Dieu sait si derrière les apparences littéraires, celle de Bergson l'est. D'autre part, il me semble que l'intérêt qu'a Bergson pour un élève de Terminale est que son mode de réflexion, très souvent par l'image, par la métaphore, éveille la compréhension d'un jeune élève qui s'initie et révèle aussi, comme Merleau-Ponty l'a bien compris, après Bergson d'ailleurs, que certaines questions philosophiques ne peuvent pas être traitées sans l'aide de métaphores, même si celles-ci n'ont pas une intention poétique, bien sûr.

*R. E.* : Bergson, notons-le, fut prix Nobel de littérature en 1927 : il n'existe pas de prix Nobel de philosophie. Le prix Nobel de littérature fut au combien mérité par ce grand écrivain et cet immense penseur qu'était Henri Bergson. Alors allons-y : « Le temps est-il notre malheur ? » Comment formuleriez-vous, à la lumière de tout ce qu'on vient de se dire, une problématique qui serait, qui doit être le fil conducteur du travail, ce qu'on doit garder obstinément en tête et ce à quoi il faut tenter de répondre à la fin de cette dissertation ?

*M.-H. A.* : Je crois qu'il faut d'abord partir de cette expérience de la fugacité, de l'éphémère, de l'impermanence et de l'irréversible. Il faut se poser la question de savoir en quoi un certain malheur est enraciné dans le temps. Ce pourrait être une accroche où l'on discuterait très rapidement de la question de savoir s'il n'y a pas des accidents dans le temps, par exemple toutes les circonstances, toutes les contingences qui peuvent nous affecter. Et ce serait un moyen aussitôt de prendre conscience que la vraie nature du malheur temporel qui peut être qualifié de « notre » n'est pas là, qu'elle est, au contraire, dans la manière essentielle dont nous vivons le temps, indépendamment donc des heurs et des malheurs, des accidents et des bonnes fortunes de l'existence.

Il me semble, dans un premier temps – ce qui pourrait constituer une première partie –, qu'il faudrait faire intervenir plusieurs notions, notamment celle d'impermanence. Parce que c'est peut-être la première expérience que nous faisons de cette dimension de la fugacité. Deuxièmement, la notion d'irréversible, c'est-à-dire la prise de conscience que, comme nous le savons tous par l'expérience, le temps ne nous ramène jamais aux expériences que nous avons vécues, quelle qu'en soit la qualité. Il me semble qu'à partir de là cette première partie trouverait une ouverture particulièrement nécessaire dans une prise de conscience du rapport fondamental à la mort.

*R. E.* : Après avoir constitué une problématique sur ce rapport intime ou extérieur au temps, et ce malheur de notre condition temporelle, on en est donc à la première partie, qui repose donc sur trois points : l'impermanence, l'irréversible et la mort. On vous écoute, Marc-Henri Arfeux.

*M.-H. A.* : Il me semble en effet qu'il faut d'abord parler d'impermanence, parce que c'est la première des expériences qui nous révèlent cette dimension de fugacité.

*R. E.* : Ce terme d'« impermanence », il faut le préciser.

*M.-H. A.* : Ce que j'appelle l'« impermanence », c'est le fait que notre être, nos états subjectifs, heureux ou malheureux – nous reviendrons à cela –, ne possèdent aucune stabilité. La joie d'un moment, par exemple, malgré sa puissance, ne nous offre en aucun cas la promesse qu'elle sera durable et ne nous permet même pas de mesurer ce qui pourra lui succéder.

*R. E.* : On peut « exemplifier » – c'est un mot très laid – ce que vous dites par l'idée, toute bête, que le moindre bonheur est immédiatement alourdi par son terme. « Tout ça va finir un jour », comme on dit.

*M.-H. A.* : Exactement. Quand je traite ce sujet particulier ou la notion générale de temps, je prends très souvent l'exemple des amants qui sont unis, qui sont dans le présent de la félicité et qui, pourtant, ne peuvent se retenir de songer au lendemain, car ils mesurent le risque de cette impermanence, de cette non-identité à soi-même, quelle qu'en soit d'ailleurs la nature. Cette expérience est douloureuse, et elle est déjà en soi malheur à l'intérieur de notre expérience du temps. Si on prend l'exemple des amants bienheureux...

*R. E.* : ... qui voudraient que tout reste façon lagon bleu n'est-ce pas ? que tout reste immuable...

*M.-H. A.* : Oui. Et, à l'inverse, on pourrait penser à l'expérience du chagrin. Je pense qu'une telle expérience pourrait être intéressante dans ce sujet pour un élève qui aurait eu l'occasion de lire certains éléments de *À la recherche du temps perdu*. Lorsque je traite ce genre de sujet, j'ai en effet coutume de faire allusion à la hantise de cette impermanence chez le narrateur proustien...

*R. E.* : Vous pensez à Gilberte, racontez-le.

*M.-H. A.* : Le paradoxe du malheur amoureux du narrateur, qui ne peut être aimé de Gilberte Swann, est de découvrir que le plus grave souci de son chagrin n'est pas l'impossibilité de cet amour, mais le fait que dans quelques mois, quelques années, ce chagrin n'aura plus de signification dans sa vie.

*R. E.* : Il est donc doublement triste, à la fois de ne pas être aimé et en même temps, un jour, de ne plus aimer lui-même.

*M.-H. A.* : Précisément. Et il se rend compte que, finalement, son chagrin redouble à l'idée de cette impermanence. Parce qu'il voit bien que son être propre n'a finalement pas d'être véritable. Il lui semble qu'il est à ce moment-là – et c'est là une des découvertes ultimes du narrateur de la *Recherche* –, il lui semble qu'il n'a pas d'être et que son identité, bien qu'elle soit une conscience dans la durée – je suis le même aujourd'hui qu'hier, naturellement, je me rapporte à moi-même –, est faite d'un contenu qui devient étranger à lui même. Par exemple dans la *Recherche,* je crois que c'est dans *Le Temps retrouvé,* le narrateur, bien des années après, devient un familier de Gilberte, qui s'est entre-temps mariée avec Saint-Loup, et découvre que non seulement la voir ne lui fait pas grand-chose, mais qu'il s'ennuie même un peu quand il prend le thé avec elle.

*R. E.* : Il « l'aime bien », ce qui est à prendre, évidemment, au sens le plus triste.

*M.-H. A.* : Tout à fait.

*R. E.* : Il y a une autre question dans le cadre de cette réflexion. Vous avez dit : l'identité demeure. C'est vrai, c'est le cas chez le narrateur : il a beau multiplier les « moi » dans la *Recherche,* en même temps il y a l'idée d'un « moi » qui demeure. Est-ce qu'on ne peut pas envisager, mais peut-être cela fera l'objet d'une partie supplémentaire, ou suivante, que l'identité elle-même soit compromise par l'idée de temporalité ? Qu'en somme – c'est l'argument de Hume – je ne suis pas le même selon qu'il pleut ou qu'il fait beau, je ne suis même pas le même au début et à la fin de ma phrase. Comme le dit Socrate à Théétète : « Toi-même, à tout instant, tu diffères de toi-même. »

*M.-H. A.* : Oui. Je pense qu'on peut aller jusqu'à cette érosion de l'identité elle-même, avec cependant un point d'ancrage qui est peut-être justement une des raisons de la conscience tragique de l'impermanence : c'est que j'ai quand même un *cogito,* par lequel je peux rassembler et unifier mes expériences dans le devenir et même, à travers l'expérience de la mémoire, en mesurant la différence qui m'affecte, me rendre compte que, précisément, c'est moi qu'elle affecte. C'est-à-dire que mon identité a été à la fois maintenue comme forme, si l'on peut dire, et détruite comme contenu.

*R. E.* : Est-ce que j'ai un *cogito* malgré le temps, ou est-ce que c'est le sentiment qu'« avec le temps tout s'en va » qui me donne l'envie et l'illusion de fabriquer un *cogito ?*

*M.-H. A.* : C'est une question qui est très centrale en philosophie. C'est toute la question de savoir s'il y a une unité transcendantale de la conscience.

*R. E.* : C'est-à-dire quelque chose d'immuable... la question est de savoir si ce désir d'être immuable ne vient pas de la conscience « natale » du passage ?

*M.-H. A.* : C'est possible. De toute façon, je pense que même si nous adoptons cette deuxième lecture il n'en reste pas moins qu'il y a, au moins à travers l'impression d'une permanence dont le contenu nous échappe, une expérience tragique, et c'est cela qui est essentiel et que mesure, par exemple, le narrateur de la *Recherche.* Voilà ce que le candidat peut arriver à retrouver en réfléchissant sur la question de l'impermanence, en se disant : je suis devenu étranger à moi-même, je ne suis plus celui que j'ai été ; pourtant je sais qu'il a été moi, j'ai subjectivement le souvenir d'avoir été telle jeune fille ou tel jeune homme, qui avait telles opinions, telles conceptions, telles amours, qui se trouve aujourd'hui à mille lieues de ces conceptions, de ces amours et de ces représentations, et qui prend conscience à travers cela du peu de réalité de son être propre.

*R. E.* : Vous avez parlé d'impermanence. On a bien compris que l'impermanence désignait cette absence de stabilité, d'ailleurs parfaitement résumée par Léo Ferré : « Avec le temps, va, tout s'en va. » Tout, c'est-à-dire le bonheur comme le malheur. Il arrive d'ailleurs que la perte d'un chagrin soit elle-même un chagrin supplémentaire, que la perspective de la perte d'un chagrin soit un chagrin supplémentaire, comme c'est le cas dans *À la recherche du temps perdu* dont le narrateur souffre autant de la mort d'Albertine que de la certitude qu'un jour il n'en souffrira plus.

Le deuxième terme que vous avez posé c'est : l'irréversible. Qu'est-ce à dire ? Est-ce que cela veut dire tout simplement que chaque instant est dernier ?

*M.-H. A.* : En effet, je crois d'ailleurs que l'impermanence nous y conduit. C'est là la logique de l'expérience qui permettrait à un élève de retrouver...

*R. E.* : ... c'est aussi la logique de la dissert', il faut aller d'une notion à l'autre, comme si on était invité à le faire par notre propre réflexion. Ça doit s'enchaîner.

*M.-H. A.* : Ça doit s'enchaîner, et j'irais même jusqu'à dire que ce sujet, comme tout sujet, peut se traiter de mille façons différentes. On peut même imaginer des candidats d'égale qualité qui le traitent par des positions antinomiques.

*R. E.* : On ne les juge pas sur le fond.

*M.-H. A.* : Non, car ce qui nous intéresse avant tout, c'est de voir si l'élève a été capable d'engager une réflexion que je qualifierais d'organique, c'est-à-dire une réflexion dans laquelle les notions apparaissent les unes par rapport aux autres, selon une nécessité qui a été construite par la pensée du candidat. C'est cela qui est important.

*R. E.* : Juste une question, avant d'aller vers l'irréversible. Est-ce qu'un candidat est fondé à redouter, par exemple qu'un correcteur, plus idéologue que les autres peut-être, le jugerait sur le fond de ce qu'il raconte, et non pas sur la simple cohérence de son propos ? Est-ce que, dans l'arbitraire d'une correction, car cela fait partie des risques qu'un candidat court, la même copie serait favorablement notée par quelqu'un qui approuverait ce que dit l'élève et moins bien notée par celui qui ne serait pas d'accord ?

*M.-H. A.* : Certainement pas. L'expérience que j'ai des commissions d'entente et d'harmonisation, au moment du baccalauréat, révèle que ce type de risque est exclu. Nous respectons tous la règle – je pense que c'est une règle – d'accueillir la pensée du candidat telle qu'elle se donne, à partir du moment où elle construit une véritable argumentation. Ce qui nous intéresse, au fond, c'est de voir si le candidat peut penser par lui-même, au sens héraclitéen du terme : j'ai pensé par moi-même ; c'est-à-dire : j'ai réfléchi, par une méthode organisée, et en même temps : je ne me suis pas contenté d'accumuler des références érudites, mais j'ai vraiment engagé ma pensée dans une voie.

*R. E.* : Alors, allons-y. La voie en l'occurrence, c'est l'irréversible.

*M.-H. A.* : Je crois effectivement que la deuxième dimension du malheur temporel qui nous caractérise est de constater que nous ne pouvons revenir en arrière. On pourrait par exemple se référer à un très beau texte de Lavelle qui est extrait du *Temps et l'éternité*, dans lequel ce philosophe, aujourd'hui un peu oublié, injustement d'ailleurs, dit : « Car le propre du temps, c'est de nous devenir sensible moins par le don nouveau que chaque instant nous apporte, que par la privation de ce que nous pensions posséder et que chaque instant nous retire. »

*R. E.* : Il regarde la bouteille à moitié vide : on pourrait considérer, effectivement, que chaque instant s'estompe, évidemment, aussitôt qu'il est arrivé, mais, de la même façon que chaque instant est peut-être le dernier, on pourrait aussi considérer, à l'inverse, que chaque instant est le premier de son genre.

*M.-H. A.* : Oui, on pourrait avoir cette position, qui serait une position de l'éternel retour, la position nietzschéenne. Je pense que cette interrogation a sa place dans la réflexion sur le temps qui serait notre malheur. Peut-être pas dès le départ...

*R. E.* : Ce serait plutôt une façon de prendre par la négative...

*M.-H. A.* : C'est ça. Vous avez raison de souligner cette possibilité de l'esprit. Je crois même, dans la conception que je me fais du sujet, qu'il faut en arriver là à un certain moment. On ne peut pas se contenter de déplorer le temps comme un malheur. Mais on ne peut y parvenir sans avoir été d'abord au bout de la logique négative, si vous voulez. C'est-à-dire celle qui explore, en l'occurrence, ce qui constitue l'irréversible.

*R. E.* : Quel usage faites-vous de ce texte de Lavelle ? Comment utilisez-vous cet exemple ?

*M.-H. A.* : Je l'utilise de manière à montrer que, comme Lavelle le dit dans l'extrait que je viens de citer, au fond, l'essence de notre expérience subjective du temps, c'est précisément la privation. Parce que nous découvrons, de façon très concrète, que les instants de notre existence, quelle qu'ait été leur intensité, quels qu'aient été leur contenu et leur qualité, nous échappent : nous ne pouvons revenir en arrière, nous ne pouvons pas les corriger. Et donc, ce temps qui a été vécu, qui est attesté par notre mémoire, se rappelle à travers elle, douloureusement, par l'impuissance qui nous caractérise de le reprendre, soit pour le corriger, si nous estimons qu'il a été perdu, soit tout simplement pour le restaurer, le revivre, si nous estimons que sa qualité était telle que nous aimerions nous y reporter. À ce stade de sa réflexion, avant même de venir aux expériences subjectives, un élève pourrait très bien, par exemple, faire remarquer, en pensant à son cours sur la religion, que c'est exactement ce qu'on fait dans les sociétés primitives, selon Roger Caillois et Mircea Eliade, quand on cherche à revenir dans le temps initial, soit par la récitation des mythes, soit par des cérémonies rituelles qui permettent d'effacer l'érosion du monde dans la durée temporelle ordinaire : on essaye de revenir à l'origine.

*R. E.* : Ce retour à l'origine est vécu comme un déni du temps.

*M.-H. A.* : Il est vécu comme un déni du temps et une tentative, magique, de lutter contre l'irréversible.

*R. E.* : La privation dont vous parlez, c'est elle, dit Lavelle, qui « provoque la plainte de tous les poètes, qui fait retentir l'accent funèbre du "jamais plus" et qui donne aux choses qu'on ne verra jamais deux fois cette extrême acuité de volupté et de douleur où l'absolu de l'être et l'absolu du néant semblent se rapprocher jusqu'à se confondre ». C'est très bien dit, c'est très bien écrit. Si un élève n'a pas ça en tête, il peut, peut-être, pour le comprendre, mobiliser tout simplement l'expérience même qu'il fait de son existence. Il n'est pas nécessaire d'invoquer Lavelle dans un devoir sur le temps...

*M.-H. A.* : Non, cela n'est nullement nécessaire. Je ne l'ai fait ici qu'en relation avec mon enseignement de cette année dans ma classe de Terminale. Nous avons eu l'occasion de parcourir un certain nombre de textes dans notre manuel mais, bien entendu, nous avons tous, à partir de notre propre expérience, la capacité de saisir cette dimension de l'irréversible. Par exemple, je crois que beaucoup de jeunes gens le savent en Terminale, un échec amoureux peut être l'occasion de la méditer, d'une façon qui ne soit pas purement subjective ou anecdotique.

*R. E.* : Et un échec amoureux donne parfois envie de mourir. On y vient. C'est le troisième terme du triptyque que vous avez posé pour cette première partie : l'impermanence, l'irréversible, et donc la mort.

*M.-H. A.* : La mort, en effet, parce que justement cet irréversible finit par nous faire prendre conscience que nous sommes des êtres caractérisés par une condition mortelle. Le « jamais plus », le *Nevermore* du *Corbeau* d'Edgar Poe, ne signifie pas seulement que ce que nous avons vécu ne se répétera pas mais que, malheureusement, étant tissés d'une étoffe de songes, comme dirait Shakespeare, c'est-à-dire étant des êtres de finitude, nous allons être confrontés à un temps de la disparition.

*R. E.* : La perspective de ce temps de la disparition doit-elle nous dissuader d'agir ? Est-ce que d'ailleurs on peut, parce que c'est là tout le paradoxe, suspendre le temps ? On raconte souvent cette anecdote de Lamartine qui dit : « Ô, temps, suspends ton vol », et Alain qui lui répond : « Oui, mais pour combien de temps ? »

*M.-H. A.* : Oui. Vous savez qu'il y a aussi une très belle nouvelle de Borges dans *Fictions* – elle s'intitule *Le Miracle secret* –, où il est question d'un poète qui, au moment d'être exécuté, invoque les puissances surnaturelles et demande à pouvoir terminer d'abord la rédaction d'un drame versifié ; donc le temps s'immobilise pour lui laisser la possibilité d'achever cette œuvre ; mais, une fois que le dernier vers est composé, le temps reprend ses droits et les balles, momentanément arrêtées, frappent le poète.

*R. E.* : Nous avons parlé de l'impermanence, de l'irréversible, et puis de la mort. Ce sont les trois termes qui structurent la première partie de notre réflexion. Comment, après ces trois termes, en vient-on à une transition ? À la nécessité peut-être d'infléchir les points de vue ?

*M.-H. A.* : Une des possibilités serait de le faire à travers Pascal. L'intérêt de lire ce sujet à travers Pascal, c'est qu'en en venant à la notion de divertissement, telle qu'elle est traitée dans les *Pensées*, nous prenons conscience que tout l'effort de l'homme, devant cette réalité de la fuite du temps et de la mort inéluctable, est d'essayer de trouver une posture qui lui permette, soit de l'oublier – vainement bien sûr, nous le savons –, soit, au contraire, d'arriver à trouver, peut-être par la grâce, un chemin hors du temps, un chemin vers une éternité qui permettrait de rassurer notre condition mortelle. Ce serait une perspective qui interviendrait parmi celles qui peuvent s'offrir dans la deuxième partie.

*R. E.* : En somme, il y a deux issues pour Pascal : le divertissement, qui n'est au sens littéral du terme qu'un pis-aller, une façon de « tuer le temps », comme l'expression l'indique, d'une façon riche d'ailleurs, et, de l'autre côté, l'éternité. Mais il n'y a pas chez Pascal cette façon de « rentrer dans le temps », si j'ose dire, et d'en accepter la dure loi. Ici le deuxième temps de notre réflexion irait vers cette façon qu'on aurait de faire diversion, d'échapper au temps provisoirement ?

*M.-H. A.* : Dans la deuxième partie, me semble-t-il, puisqu'on a demandé : « Le temps est-il notre “malheur” ? », il est évident qu’on doit se poser la question de savoir, même s’il peut participer d’un certain malheur, s’il ne peut-être que cela. Si, justement, nous n’avons pas la possibilité d’arriver à surmonter ce temps destructeur en le niant, par exemple à travers le divertissement ou d’une autre façon qui serait cette fois-ci la foi, la grâce…

*R. E.* : L’éternité…

*M.-H. A.* : L’éternité, bien sûr. Ou bien, au contraire, la question qui se posera est de savoir si nous ne devons pas nous « inscrire » dans le temps pour pouvoir mieux lutter contre sa puissance d’érosion et créer en quelque sorte, dans la substance même de notre temporalité, les conditions d’un bonheur possible.

*R. E.* : Est-ce que l’inscription dans le temps fait l’objet du troisième moment de votre deuxième partie, ou est-ce qu’il fait l’objet de la troisième partie ?

*M.-H. A.* : Non. La troisième partie aura elle aussi, bien sûr, rapport avec notre inscription dans le temps, mais, je l’annonce dès à présent, elle est plutôt fondée sur une relecture du « rapport » que nous entretenons avec le temps. Parce que, justement, ce qui peut être intéressant dans ce sujet, me semble-t-il, c’est de construire d’abord les deux premières parties, où on explore les rapports du temps avec le malheur : « Pourquoi le temps ferait-il notre malheur ? » ; dans un deuxième temps : « Est-ce qu’on ne peut pas essayer de renverser cet ordre du malheur vers un ordre, sinon du bonheur, du moins de la sérénité ? » Et, à partir de là, pour que le candidat échappe à l’aspect binaire dans lequel le sujet serait ainsi enfermé, il me semble intéressant d’en venir à une interrogation sur le rapport que nous entretenons avec le temps, pour montrer qu’il n’est peut-être ni notre malheur ni notre bonheur, mais tout simplement ce qui nous structure et ce qui nous permet d’être. Ce qui relance à ce moment-là le sujet vers un tout autre horizon.

*R. E.* : Comme le dit Jankélévitch : « C'est temporellement que je médite sur le temps. » Mais on y viendra plus tard. Restons dans cette deuxième partie. Comment surmonter ce malheur, dont on a vu qu'il était la douleur du temps ?

*M.-H. A.* : Il l'est, indéniablement. Je crois qu'une fois qu'on a montré très rapidement, de préférence en fin de deuxième partie plutôt qu'en début de troisième partie, que le divertissement ne peut nous apporter aucune solution, puisqu'il est...

*R. E.* : Revenons un peu en amont, avant de l'affirmer, car c'est un peu hâtif. En quoi le divertissement ne nous apporte-t-il aucune solution ?

*M.-H. A.* : Parce que, comme Pascal le fait remarquer avec l'exemple de la chasse au lièvre, le divertissement nous procure l'illusion de trouver dans l'objet convoité – en l'occurrence, le lièvre que l'on chasse – une satisfaction durable, c'est-à-dire une adhésion au présent dans lequel nous nous trouverions alors, gros d'une qualité d'être qui nous apaiserait totalement. Or, comme le fait remarquer Pascal, cela n'est pas, puisque premièrement...

*R. E.* : ... pas plus que l'amour d'ailleurs. Puisque nous n'aimons jamais que des qualités empruntées. C'est toujours la même affaire : nous singeons l'éternité, mais, en vérité, l'objet qu'on tient dans les mains se dérobe.

*M.-H. A.* : L'objet se dérobe et, pire encore, si nous venions à le posséder, nous nous apercevrions que ce n'était point l'objet que nous cherchions. C'est bien ce que dit aussi Pascal. Nous sommes en réalité confrontés à ce moment-là au véritable tragique de notre condition, qui est que nulle satisfaction n'est possible dans la mesure où, justement, étant des êtres temporels, confrontés à la mort, nous ne pouvons envisager la possession d'une chose comme étant heureuse.

*R. E.* : Alors on a vu la critique pascalienne de la tentative de fuir le temps par le divertissement, par l'amusement, par le fait de penser à autre chose ou, comme on l'a dit tout à l'heure, de « tuer le temps ». Est-ce qu'on ne peut pas critiquer la critique pascalienne en critiquant l'autre échappatoire qu'il propose, c'est-à-dire la quête de l'éternité ?

*M.-H. A.* : Bien sûr, parce que, d'abord, il n'est pas certain – et un élève pourrait dès à présent poser ce jalon dans son devoir, en attente de sa troisième partie – que le temps dans lequel nous nous occupons soit nécessairement un divertissement, y compris lorsqu'il semble être futile. Même le temps de l'ennui, qui apparaît chez Pascal comme une des polarités très négatives de l'expérience du temps, n'est peut-être pas nécessairement un creux.

*R. E.* : Elle est négative mais féconde, chez Pascal, puisque la découverte du vide est également l'occasion d'une visitation et d'une rencontre... Mais qu'en est-il de l'éternité ?

*M.-H. A.* : L'éternité. Le grand problème qui se pose est évidemment celui de la grâce, et du pari. D'abord parce que si nous nous situons au niveau du pari, même si nous mesurons que nous avons intérêt à croire et à postuler l'existence de Dieu, donc celle d'un arrière-monde, comme dirait Nietzsche, qui nous permettrait d'échapper à ce monde-ci, à la mort elle-même et donc au temps, nous ne sommes pas certains de gagner ce pari. Et même si nous recevons la grâce, premièrement la grâce ne dépend pas de notre volonté, et deuxièmement la grâce elle-même peut faire l'objet d'un doute : nous ne savons pas si notre foi est fondée ou non. Donc, de ce point de vue, on peut faire une critique de Pascal qui consisterait à dire que dans les deux cas possibles de solution, le pari ou la grâce, nous sommes confrontés à trop d'incertitudes pour pouvoir obtenir vraiment une réponse.

*R. E.* : Est-ce qu'on ne peut pas aussi prolonger la critique en disant, en somme, que celui qui veut jouir à tout prix parce que le temps s'enfuit, celui qui, donc, développe un rapport anxiogène au temps – l'hédoniste, qui veut jouir tant qu'il est encore temps –, celui-là fonctionne de la même manière en un sens que celui qui, par le biais de la grâce, entend lui aussi échapper au temps. Est-ce qu'en somme la quête de l'éternité n'est pas une modalité du divertissement ?

*M.-H. A.* : On peut poser cette question, bien évidemment.

*R. E.* : Avec Pascal, et donc contre lui ?

*M.-H. A.* : Oui, contre lui, tout en maintenant ouverte la possibilité, puisque, après tout, nous ne savons pas si cette éternité – j'ai presque envie de dire postulée, ou rêvée, à travers la grâce – est ou non illusoire. Donc on reste, de ce point de vue, dans une situation existentielle qui n'est pas confortable, et qui se mesure bien, d'ailleurs, dans le paradoxe des attitudes mystiques qui expriment une volonté de fusion immédiate avec le divin, hors du temps, dans un point nodal où le sujet disparaît de toute façon : il recherche avant tout l'unité d'une condition éternelle qui le sauverait de la mort et du temps. « Je meurs de ne pas mourir », dit sainte Thérèse d'Avila...

*R. E.* : On peut aussi penser à Plotin, au moment d'extase, quand il dit : « Je m'éveille à moi-même. »

*M.-H. A.* : Bien sûr.

*R. E.* : Et alors, le troisième terme de votre second temps, Marc-Henri Arfeux, c'est l'« inscription dans le temps ». Qu'entendez-vous par là ?

*M.-H. A.* : J'entends par là que d'autres philosophies, au lieu de refuser la temporalité en essayant de la fuir à travers l'éternité, ou de nous affirmer que nous ne pouvons de toute façon échapper au malheur temporel, s'efforcent de penser un rapport au temps qui soit dédramatisé, compte tenu de notre finitude. La plupart des élèves de Terminale ont eu l'occasion, à un moment ou un autre, d'entendre parler d'Épicure par exemple.

*R. E.* : Vous pensez à la *Lettre à Ménécée ?*

*M.-H. A.* : Bien sûr.

*R. E.* : Le fameux texte d'Épicure, dont il ne faut pas retenir seulement ce qu'il dit de la mort. Parce que dans la *Lettre à Ménécée* il y a le fameux passage : « La mort n'est rien pour nous, tant que tu es vivant tu n'es pas mort, si tu es mort tu n'es plus vivant, donc la mort ne te concerne pas. » Mais il y a dans la *Lettre à Ménécée* d'autres éléments de réflexion, en particulier sur le temps.

*M.-H. A.* : Oui. Il y a toute une réflexion sur le temps qui est liée à ce que j'appellerais pour ma part « une diététique du désir », c'est-à-dire l'art de savoir doser, mesurer, calculer ses désirs, dans le but d'en obtenir à la fois une satisfaction réelle et en même temps de se prémunir contre ce qu'ils pourraient avoir de dangereux pour nous. Vous avez par exemple ce fameux rapport au temps, qui consiste à renoncer à un plaisir présent pour obtenir un plaisir plus grand dans l'avenir…

*R. E.* : Cette inscription dans le temps, qui vient au terme d'une réflexion sur le divertissement, finalement, sur quoi débouche-t-elle ? Quelles interrogations et quels problèmes justifient qu'on avance encore dans notre dissert' ?

*M.-H. A.* : Eh bien ce sera la question de savoir, par exemple, si on peut arriver à vivre au présent. Le fameux *carpe diem,* donc « cueille le jour », est-il possible ? Qu'est-ce que ça signifie ? Je crois qu'un candidat pourrait s'interroger de deux manières. La première, en questionnant la notion d'ataraxie, la notion de repos telle qu'elle apparaît chez Épicure, en se demandant si, finalement, elle n'est pas une tentative d'adhérer au présent qui nous prive de notre humanité, par une forme de dépouillement ascétique. On n'est plus certain de pouvoir parler de bonheur ni même de malheur : c'est plutôt une sorte d'état d'indifférence. À l'inverse, le candidat pourrait constater, soit en relation avec des lectures qu'il a pu faire, soit avec sa propre expérience, qu'il y a quand même bien, sans parler de privation et de morale ascétique, des situations de l'existence dans lesquelles nous adhérons au présent, contrairement aussi à ce que disait Pascal, où donc un certain bonheur est possible par l'identification de la conscience au devenir qu'elle est en train d'expérimenter.

*R. E.* : Un bonheur qui ne serait plus nostalgique, ici...

*M.-H. A.* : Exactement.

*R. E.* : C'est ce qu'il va falloir penser dans la troisième partie. Donc, première partie : l'impermanence, l'irréversibilité, la mort. Deuxième partie : le divertissement. Troisième partie, Marc-Henri Arfeux ?

*M.-H. A.* : Dans la troisième partie on va voir que nous avons probablement à réinterroger la nature de notre rapport avec le temps, et je pense que ce qui constituerait une bonne transition entre la deuxième et la troisième partie, à propos de l'expérience du présent dont nous parlions à l'instant, serait par exemple la cinquième promenade des *Rêveries du promeneur solitaire,* où Jean-Jacques Rousseau analyse si finement et si justement le rapport d'une conscience débarrassée du désir et de l'agitation, dans la coïncidence avec un pur devenir, un état présent où la conscience devient véritablement participation à elle-même par une participation à sa propre temporalité.

*R. E.* : Là où le texte est extrêmement fin, effectivement, c'est que la conscience, cette suspension de la douleur, qui est très rare chez Rousseau, va avec le sentiment de l'impermanence, parce qu'il sent l'eau qui s'écoule...

*M.-H. A.* : Il sent l'eau qui s'écoule, et en même temps...

*R. E.* : Il est sur un lac, ce n'est pas un fleuve...

*M.-H. A.* : Oui, ce n'est pas du tout la même expérience. Et justement, cela nous conduit, déjà, à Bergson. Nous voyons bien ici qu'en fait cette eau qui s'écoule, ce présent en devenir, est, comme le dit Bergson, la plus sûre garantie de solidité qui soit. Dans la mesure où, en y adhérant, nous ne sommes plus confrontés avec les abîmes de l'avant et de l'après, mais placés dans une sorte d'éternité en mouvement et, pour le coup, une éternité substantielle : il ne s'agit pas du tout d'une éternité rêvée, postulée, espérée dans une autre vie, mais d'une expérience, d'une certaine forme d'éternité liée à cette existence-ci, dans le cadre de ce qui la caractérise, c'est-à-dire la finitude.

*R. E.* : Voilà. C'est la valeur ajoutée, l'immense valeur ajoutée, de Bergson : ce n'est plus le temps qui est une image mobile de l'éternité, c'est l'éternité qui est une image fixe du temps. Alors qu'en réalité il s'agit de vivre une éternité dans l'immanence. C'est une des leçons de Bergson, c'est peut-être « la » leçon de Bergson. Bergson est le penseur de l'idée que nous sommes temporels de part en part. Nous ne sommes pas accidentellement temporels, comme on serait accidentellement de gauche ou de droite, comme on gagnerait accidentellement au Loto. Nous sommes temporels, qu'on le veuille ou non, temporels de part en part, de sorte que – j'ai cité Jankélévitch tout à l'heure – « c'est temporellement que je médite sur le temps ». C'est à l'intérieur même du temps que ma réflexion sur le temps se déploie.

*M.-H. A.* : Absolument, et c'est là l'un des aspects les plus essentiels du début de cette troisième partie : il s'agit de montrer que, pour reconsidérer totalement notre rapport avec le temps et redéfinir le sujet d'une façon nouvelle, il faut remarquer que la conscience, telle que Bergson l'analyse dans la conférence qu'il lui consacre dans *L'Énergie spirituelle,* n'est pas définie par un *cogito* qui pense ; elle n'est définie d'aucune des façons que les classiques ont adoptées...

*R. E.* : Les éléments de la stabilité, en somme... On pourrait parler d'une conscience instable peut-être...

*M.-H. A.* : Je dirais que le paradoxe de la conscience...

*R. E.* : ... mobile ?

*M.-H. A.* : C'est une conscience mobile, mais, chez Bergson, elle trouve également sa « garantie » dans le temps. En effet, qu'est-ce qui fait que je suis un être conscient, que, justement, je ne suis pas cet animal n'ayant ni à souffrir ni à s'inquiéter du temps ? Eh bien, c'est justement le temps. Qu'est-ce qui fait que je suis présent à moi-même et que j'ai la possibilité de me déterminer ? C'est encore le temps. Comme Bergson le montre très bien, je suis d'abord une mémoire, car : « Ou la mémoire est là, ou la conscience n'y est pas », dit-il. Ce qui reviendrait donc à dire que, sans mémoire, je serais dans l'inconscience. La mémoire la plus immédiate m'apporte une stabilité, me permet d'être cette conscience et, d'autre part, au présent, je suis une anticipation de l'avenir : tout présent est ouvert, est une attente de la vie, dit Bergson. L'avenir est là et il nous appelle. Il est la cause qui fait que nous agissons continuellement. Bref, tous ces éléments de l'amont et de l'aval montrent bien que le temps n'est pas seulement ce qui fait notre bonheur ou notre malheur, mais qu'il est d'abord ce qui nous permet d'être. C'est un point fondamental, qui renouvelle complètement la perspective du sujet.

*R. E.* : C'est à l'intérieur du temps que nous déplorons de manquer de temps. Donc, nous n'en sortons pas...

*M.-H. A.* : Nous n'en sortons pas, et peut-être l'erreur est-elle justement de continuer à déplorer que nous manquons de temps, au lieu d'agir. Puisque Bergson nous rappelle que la conscience est d'abord tournée temporellement de manière à agir, de manière à être efficace dans l'action.

*R. E.* : Est-ce que Bergson n'est pas également celui qui permet de penser, on l'a envisagé tout à l'heure, un rapport au temps qui ne serait pas celui de la déploration sur le temps passé, mais tout simplement celui de l'accueil de l'instant toujours nouveau ?

*M.-H. A.* : Oui, en effet, dans la mesure où, de surcroît, l'accueil de cet instant nouveau nous permet de mesurer notre liberté. Je crois que ce sera là une des dimensions du sujet, à partir de cette analyse bergsonienne. On voit bien, par exemple, que c'est « parce que » nous avons une attitude d'anticipation de l'avenir, d'attente de ce qui va être, que nous pouvons nous préparer et déployer des projets dans le temps, que nous pouvons avoir une « prise » sur notre existence, que n'aurait pas un animal, et ainsi exercer notre liberté. Il y a donc bien une dimension « créatrice » de soi à travers le temps, qui nous est donnée par cette dimension temporelle signalée par Bergson.

*R. E.* : On comprend mieux à vous entendre en quoi, peut-être, tout art est nécessairement temporel. Le temps est sans doute la condition même du déploiement de l'art. D'ailleurs, c'est un vieux mythe : un homme qui serait immortel perdrait aussitôt son talent...

*M.-H. A.* : Oui, bien sûr.

*R. E.* : Et on comprend de quelle façon, avec Bergson. Il faut conclure, Marc-Henri Arfeux. Comment concluriez-vous cette question de savoir si le temps fait notre malheur ?

*M.-H. A.* : Vous venez de dire « fait » notre malheur et non « est » notre malheur. C'est très bien que vous l'ayez dit, parce que c'est peut-être ce à quoi on aboutit à la fin du devoir : se rendre compte que le temps « n'est pas » notre malheur. Dans la mesure où il nous structure, il nous permet d'être. Il nous permet même, éventuellement, à travers les projets que nous formons, d'atteindre certaines formes de bonheur. Mais il n'en reste pas moins que, d'un autre côté, ce temps est pour nous celui d'une finitude, il est tragique et il « fait », peut-être, quand même, notre malheur.

PLAN DU PROFESSEUR

# Le temps est-il notre malheur ?

## Introduction

L'élève peut commencer sa réflexion en remarquant que le sujet nous met en présence d'une notion familière et cependant difficile à définir. Il se demandera par exemple en quoi l'expérience de vivre dans le temps engendre éventuellement un certain malheur et lequel ? Il pourra alors se demander si ce malheur associé au temps nous reste extérieur ou fait à ce titre partie intégrante de notre être. À partir de là, il sera en mesure de déployer sa problématique et de construire son plan.

## I. L'impermanence, l'irréversible et la mort.

Le temps engendre des malheurs accidentels issus du hasard de l'existence. Mais il est aussi en lui-même expérience de notre condition malheureuse face à l'impermanence, à l'irréversible et à la mort.

*1. L'impermanence, première source de notre malheur temporel.*

*a. L'identité du moi contredite par son incessante métamorphose temporelle.*

- Le moi ne cesse de mourir à lui-même : exemple des amours du narrateur proustien.
- La hantise du changement : le moi se sait d'avance infidèle à lui-même

*b. Le « je » étranger à lui-même*

- le temps pulvérise la stabilité du *cogito*.
- Le moi ne se reconnaît pas dans ses conceptions et ses expériences passées.

*2. L'irréversible et la mort.*

*a. Le temps est expérience du devenir sans retour.*

– Nous souffrons de ne pouvoir retenir, répéter ou corriger nos expériences passées : analyse conduite à l'aide de la pensée de Louis Lavelle.

– La conscience du temps irréversible engendre la souffrance de la nostalgie : analyse conduite à l'aide de la pensée de Jankélévitch.

*b. L'irréversible nous révèle notre condition mortelle.*

– La mort est active dans le temps vécu : exemple de la poésie élégiaque.

– La condition humaine est non seulement temporelle mais finie.

*Transition* : Notre condition temporelle malheureuse ne nous incite-t-elle pas à fuir le temps ?

**II. Pouvons-nous fuir notre malheur temporel ou le surmonter ?**

*1. La fuite du temps par l'oubli ou le dépassement.*

*a. La notion de divertissement chez Pascal.*

– Le divertissement comme moyen de nier le temps : exemple de l'ivresse procurée par l'action immédiate dans les *Pensées*.

– Contradictions et échec du divertissement : l'ivresse de l'action ne nous procure aucune joie ni aucun soulagement.

*b. Faut-il échapper au temps ?*

– Le pari et la grâce : l'homme peut tenter de surmonter le temps en se projetant dans l'au-delà par l'hypothèse de l'existence de Dieu et la foi.

– Le désir d'éternité : la négation du temps est une aspiration fondamentale de l'homme qui cherche la plénitude. Exemple de l'expérience religieuse.

*2. Surmonter le malheur temporel sans nier le temps.*

*a. Recherche d'une méthode conduisant au bonheur dans le temps : exemple des analyses d'Epicure dans la* Lettre à Ménécée.

– La négation de la mort par la conscience.

– La morale de l'instant et du bon usage des plaisirs.

*b. Ambivalence de la philosophie d'Épicure.*

– Le dépouillement ascétique comme moyen d'accéder à la sérénité dans l'instant est-il possible et conduit-il vraiment au bonheur.

– N'existe-t-il pas des expériences heureuses de l'actuel ?

*Transition* : Il nous arrive parfois d'adhérer au présent : exemple des *Rêveries du promeneur solitaire*.

## III. La temporalité comme structure de la conscience et condition de toute entreprise créatrice.

*1. L'éternité mobile au présent.*

*a. La conscience est toujours au présent.*

– Analyse du présent comme expérience vécue de la conscience en devenir : exemple de la conception bergsonienne du présent mobile.

*b. L'actualité ouverte de la conscience vécue.*

– Le temps structure la conscience : pas de conscience sans mémoire ni projection vers l'avenir. Exemple de la définition de la conscience dans *L'énergie spirituelle*.

*2. Le temps, la condition de nos projets et de nos actions libres.*

*a. En se projetant dans le temps, l'homme se révèle capable de projets et de création qui lui donnent prise sur l'existence et sur le temps.*

– Pas de conscience sans mémoire.

– La conscience suppose l'anticipation de l'avenir.

*b. Le temps créateur au principe de notre liberté.*

– La création de soi par et dans le temps nous rend permet d'être libres, en nous faisant auteurs de nous-mêmes et de notre existence.

– L'accomplissement de soi suppose le temps de la maturation et du surgissement : exemple bergsonien de la création comme « imprévisible nouveauté ».

## Conclusion

Après avoir récapitulé les étapes de la réflexion, l'élève insistera sur le fait que le malheur temporel ne nous est pas extérieur mais réside au cœur de notre condition. En cela, ce malheur est bien nôtre. Il insistera sur le fait que si le temps peut être principe de bonheur et de création de soi, il n'en fait pas moins notre malheur en raison de notre finitude.

## QUELQUES RECOMMANDATIONS DE LECTURE


- Ferdinand ALQUIÉ, *Le Désir d'éternité*, PUF.
- Henri BERGSON, « La perception du changement » in *La pensée et le mouvant*, PUF, p. 1384-1385.
- Henri BERGSON, *L'Énergie spirituelle*, PUF, p. 5-6.
- Albert CAMUS : *L'Envers et l'endroit*, Folio Essais, Gallimard.
- ÉPICURE, *Lettre à Ménécée*, Garnier Flammarion.
- Vladimir JANKÉLÉVITCH, *L'Irréversible et la nostalgie*, Flammarion, p. 300.
- Vladimir JANKÉLÉVITCH, *La Mort*, Champs, Flammarion.
- Louis LAVELLE, *Du temps et de l'éternité*, Aubier Montaigne, p. 126.
- Blaise PASCAL, *Pensées*, Fragment 126, Folio, Gallimard, p. 118 *sq*.
- Marcel PROUST, *Du côté de chez Swann* : Noms de pays : le nom, Folio, Gallimard.
- Jean-Jacques ROUSSEAU, *Rêveries du promeneur solitaire*, Cinquième promenade, Bibliothèque de la Pléiade, Gallimard, tome 1, p. 1046-1047.
- SAINT-AUGUSTIN, *Les Confessions*, Livre XI, chap 14 et 20, Bibliothèque de la Pléiade, Gallimard, p. 1041 et 1045-1046, ou Garnier Flammarion.
- Jean-Paul SARTRE, *L'existentialisme est un humanisme*, Folio Essais, Gallimard.
- SÉNÈQUE : *La Vie heureuse*, suivi de *La Brièveté de la vie*, Garnier Flammarion.

## *Peut-on penser sans préjugés ?*

par Philippe Danino

*Raphaël Enthoven* : « Peut-on penser sans préjugés ? », c'est la question du jour, et c'est d'ailleurs une question de tous les jours. Élève Philippe Danino, nous vous écoutons.

*Philippe Danino* : La question peut paraître assez étonnante. Il ne faut jamais manquer de commencer par s'étonner d'une question qui est posée. « Peut-on penser sans préjugés ? » On pourrait se dire immédiatement : « Oui, bien sûr ! Quelle question ! » On peut penser qu'il suffirait d'examiner les choses, de raisonner un peu, d'être vigilant par rapport à ce qu'on nous a appris pour n'avoir aucune difficulté à penser sans préjugés. Mais, d'un autre côté, si cette question se pose, – et ce qui motive une question de philosophie c'est toujours une difficulté, c'est-à-dire le fait que cette question ne va pas de soi –, c'est qu'il n'est pas si simple, ou si facile, de « penser » – un terme qu'il nous faudra envisager dans la diversité de ses définitions et de ses acceptions. Pas si facile de se défaire, par exemple, d'une éducation, d'un milieu, des premières impressions de l'enfance...

*R. E.* : Sans compter qu'il faut également se défaire, peut-être, du préjugé selon lequel on peut penser sans préjugés... C'est un des problèmes que le sujet posera. En tout cas, ce qui est important ici, c'est d'être attentif à sa première réaction. Quand on est face à un sujet, on ne le dira jamais assez, il y a aussi un moment d'irréflexion, où il s'agit de « réagir » au sujet, d'être attentif à ce qu'un tel sujet nous inspire spontanément.

*P. D.* : Évidemment, il y a aussi des sujets dont on peut sentir qu'ils sont plus ou moins articulés à la pratique. Un sujet tel que : « Quel est le rôle de l'hypothèse scientifique ? », n'est peut-être pas tout à fait pareil que : « Peut-on penser sans préjugés ? ». Mais il faut toujours s'autoriser à se demander comment on reçoit spontanément la question et quelle réponse on pourrait lui donner pour se mettre doucement sur le chemin du questionnement.

*R. E.* : Ce qui est intéressant, d'ailleurs, c'est que cette spontanéité qu'il faut rechercher, au début de la dissertation, témoigne d'une volonté de la part de l'élève, comme du correcteur d'ailleurs, de penser sans préjugés.

*P. D.* : Voilà, de penser sans préjugés. C'est ce qu'on essaye d'inculquer aux élèves pendant l'année de Terminale, une prise en charge par soi-même de sa propre pensée, en s'autorisant justement à questionner, à examiner, sans recourir d'emblée à des idées reçues, ou à des opinions communes, ou même à des références philosophiques.

*R. E.* : Maintenant qu'on a vu quelle était la première réaction, il faut en venir à la problématique. C'est-à-dire au fil directeur qui doit gouverner toute la dissertation, la question à laquelle il faut répondre. Comment, à partir d'un sujet comme celui-là, qui comporte peu de termes, peut-on parvenir à obtenir une problématique, une question, un fil conducteur ?

*P. D.* : Il est bien évident que la problématisation du sujet (qui, précisons-le en passant, n'est jamais quelque chose de spontané, de direct ou d'immédiat) ne tombe pas du ciel et passe nécessairement par une analyse du sujet et une prise en charge de ses termes, de la polysémie de ses concepts, etc. Il me semble que pour cette question : « Peut-on penser sans préjugés ? », il y a déjà deux présupposés qu'il s'agit de mettre en évidence. Le premier, c'est que tout se passe comme si l'on pensait toujours déjà « avec » des préjugés. Pourquoi ? D'où est-ce que cela vient ? Est-ce que c'est grave ?

*R. E.* : En somme : est-ce qu'on peut penser « quand même », c'est-à-dire même quand on a des préjugés ? même quand d'autres pensent à votre place ?

*P. D.* : C'est ça. Et le second présupposé, qui est le présupposé de tout sujet de philosophie – et sans quoi la question n'aurait pas grand sens –, c'est qu'il y aurait difficulté à penser sans préjugés. Qu'est-ce que cela veut dire ? Quel est l'intérêt ? Pourquoi devrait-on, à la limite, penser sans préjugés ? À partir de là, il y a lieu d'examiner les deux grands termes du sujet, à savoir un verbe, « penser », et un nom au pluriel, « préjugés ». Il faut prendre en compte le pluriel, celui « des » préjugés, car la pluralité des préjugés est un autre présupposé.

Pour essayer d'en venir rapidement à la problématique, constatons que le terme de « penser » peut désarçonner. Quand on a affaire au terme de « penser » dans un libellé de sujet de baccalauréat, ou d'autres examens ou concours en philosophie, il faut essayer de lui faire un sort, de ne pas se laisser submerger. « Penser », c'est un terme qui est très large, très flottant, qui peut comprendre énormément d'acceptions : juger, rêver, méditer, songer, imaginer, raisonner, voir, etc. Mais on pourrait partir de quelque chose de commode, que j'exploiterais ici, qui est, d'une part, un sens large, celui d'un ensemble d'activités psychiques. C'est un peu la définition qu'en donne Descartes dans les *Méditations métaphysiques* : « Qu'est-ce qu'une chose qui pense ? C'est-à-dire une chose qui doute, qui conçoit, qui affirme (...) »...

*R. E.* : ... qui imagine, qui sent...

*P. D.* : « ... qui veut, qui ne veut pas. » Et d'autre part, on a une acception plus restreinte, qui va plus particulièrement nous intéresser ici, qui renvoie à la démarche d'une réflexion rationnelle, conduite avec une certaine rigueur, la réflexion avec examen et vigilance. « Préjuger », si l'on s'intéresse maintenant à ce terme-là, c'est, comme son nom l'indique, « juger avant », c'est-à-dire juger avant de juger. On est ici conduit à adhérer à une idée, à la tenir pour vraie en l'absence de réflexion ou, plus précisément, antérieurement à tout jugement réfléchi. Comme le dit Voltaire, c'est « une opinion sans jugement ». Je recommande, sur ce point, son article intitulé « Préjugés » dans son *Dictionnaire philosophique*.

Donc, une fois qu'on a commencé à cerner cette notion de préjugé, dans sa première acception, il s'agit de prendre en compte sa diversité, puisqu'il est au pluriel, ce qui nous permettra d'ancrer la réflexion dans du concret, chose qu'il ne faut jamais manquer de faire. Il y a divers types de préjugés : préjugés des sens (sur la distance du soleil), préjugés historiques, comme le dit aussi Voltaire (croire en des légendes extraordinaires, comme celle de Romulus et Remus), et puis préjugés religieux (les miracles), moraux, raciaux, ethnocentristes, donc des préjugés à l'égard des choses, de l'ordre du monde, des autres, autant de formes qui relèvent de l'opinion sans jugement. À partir de là, si la difficulté est de penser sans préjugés et que le préjugé est une sorte d'opinion sans réflexion, sans véritable justification rationnelle, on peut se demander quelle est la possibilité, mais surtout le sens, d'une « pensée autonome ». Si le préjugé, vous le suggériez tout à l'heure, est ce qui empêche une pensée dans son cours autonome, de penser par elle-même, qu'est-ce que cela veut dire ? Penser de façon autonome, est-ce possible ? Et qu'est-ce que cela signifie ? Est-ce se passer en effet de toute espèce de préjugé, qui serait à bannir, à éradiquer, à répudier ? Ou bien est-ce qu'une pensée autonome pourrait admettre des formes de préjugés qui, précisément, n'entravent pas cette autonomie ?

*R. E.* : Est-ce qu'il n'y a pas une troisième possibilité, qui serait le fait que bien souvent, celui qui croit penser tout seul (en gros celui qui se flatte de cela parce qu'il ne sait rien, parce qu'il n'a rien appris sur un sujet, et qu'il considère par conséquent que son jugement dans cette matière est vierge de tout préjugé puisqu'on ne lui a rien mis dans la tête, qu'on ne lui a pas bourré le crâne avec les préjugés sur tel ou tel sujet), celui donc qui croit qu'il pense d'une façon autonome, en réalité pense tout seul et pense comme tout le monde ?

*P. D.* : Il y a une différence entre penser tout seul et penser par soi-même. Je peux effectivement penser tout seul, mais dans une hétéronomie totale de la pensée. Je pense que vous voulez dire : la force de l'ancrage du préjugé est telle qu'il peut faire illusion. Et, en effet, on préjuge, tout en ayant l'illusion que ce dont on juge par préjugé a fait l'objet d'un examen, d'une démonstration. Et c'est là la force du préjugé !

*R. E.* : En somme, s'il fallait s'en tenir à un axe, ce serait : qu'est-ce qu'une pensée autonome ? Consiste-t-elle à se passer de tout préjugé, ou bien y a-t-il des préjugés qui n'entravent pas l'activité de pensée ? Là, on a une problématique, un axe, un angle, à partir duquel on choisit de traiter le sujet. Il faut préciser une chose, c'est que même sur des sujets, non pas simples, mais dont l'intitulé comporte peu de mots, même sur des sujets comme ceux-là, on peut les problématiser de façon très différente. Ce qui compte n'est pas tellement ce qu'on mettra dans la dissertation, que la façon dont on l'organise.

*P. D.* : Oui, il faut rappeler, même si cela peut paraître évident, que traiter un sujet de philosophie, au baccalauréat comme ailleurs, c'est en effet traiter le problème que la question enveloppe. Parce que la question philosophique a cela de spécifique que, justement, la réponse n'est pas du tout évidente, qu'elle fait débat, qu'il y a une difficulté. Et problématiser, c'est formuler cette difficulté. Maintenant, rien n'indique qu'à un sujet corresponde un seul problème. Ici, par exemple, on pourrait problématiser sur la pluralité des préjugés ou, beaucoup plus directement, sur l'acception du mot « penser », etc. Là, j'axe ma réflexion plutôt sur « penser » et je regarde si ce qui s'appelle « penser » peut laisser une place au préjugé ou si, au contraire, « penser » signifie et exige un rejet radical de tout préjugé.

*R. E.* : On va aller dans le corps de la dissertation. On a vu, au terme de l'introduction et de la fabrication de la problématique, qu'il s'agissait de se demander finalement ce qu'était une pensée autonome, s'il s'agissait de se passer de tout préjugé, ou bien d'envisager des préjugés qui n'entraveraient pas l'activité de penser. À partir de cette alternative, de cette problématique, comment construit-on un plan ? Et quel plan proposez-vous ?

*P. D.* : Le plan que je propose est un plan en quatre moments. Le premier consisterait à montrer qu'on pense « avec » des préjugés, c'est-à-dire que notre pensée est d'abord, et toujours, pétrie de préjugés, et, par conséquent, dans une quasi impossibilité de s'en défaire. Bien sûr, ce moment-là induit une certaine acception du mot « penser », que je remettrai en question au cours d'un deuxième moment, destiné à montrer que, si l'on prend précisément « penser » au sens fort, alors « penser » n'est pas « préjuger ». Si penser est l'exercice propre de la raison, alors, dès que l'on pense, il n'y a plus préjugé.

*R. E.* : Ou plutôt, quand il y a des préjugés, c'est qu'on ne pense pas encore.

*P. D.* : C'est cela.

*R. E.* : C'est donc la deuxième partie.

*P. D.* : Voilà. C'est ce « encore » que je développerai justement dans le troisième moment, dont l'objet est de montrer que la pensée est un apprentissage qui consiste à penser contre les préjugés, c'est-à-dire d'abord contre soi. On fait apparaître, du coup, l'idée que la pensée n'est pas un don, mais un effort. À partir de là, je me demande encore s'il est si facile de parvenir à penser sans préjugés, même en science ou en philosophie, et s'il ne s'agit pas alors d'essayer d'énoncer les limites d'une pensée tout à fait exempte de préjugés. Ce qui ouvre, je pense, à l'idée d'une possible positivité des préjugés, c'est-à-dire à la mise en question d'une acception sans doute un peu trop monolithique du préjugé : aussi paradoxal et insolite que cela puisse paraître, peut-être y a-t-il de « bons préjugés ».

*R. E.* : Reste à savoir, évidemment, en vertu de quels critères on établira la qualité d'un préjugé, la « bonne » qualité d'un préjugé. Ça, c'est le quatrième temps d'une dissertation iconoclaste, puisqu'elle est en quatre parties. Alors allons-y. Penser « avec » des préjugés, c'est le premier temps : avant de se demander si l'on pense « encore » quand il y a des préjugés, donnons sa chance à la possibilité de penser « avec » des préjugés.

*P. D.* : D'abord, je prends en compte la difficulté que présuppose notre sujet, c'est-à-dire : comment la pensée ne procéderait-elle pas d'abord d'opinions reçues, de préjugés ? Il s'agit de montrer que les préjugés sont aux sources de la pensée, combien ils peuvent être les causes et les sources de ces pensées qui se manifestent dans le sens commun sous la forme de jugements hâtifs, dans le racisme ordinaire, dans les expressions populaires – comme les sentences du genre : « on n'y peut rien ». Quelles sont alors les sources de nos pensées, si gorgées de préjugés ? Dans un premier moment je parlerai des préjugés, disons, innés ou natifs. Je m'appuierai ici sur Spinoza, par exemple (et on peut s'appuyer sur beaucoup d'autres), sur *L'Éthique* de Spinoza et sur le fameux préjugé finaliste qu'il s'évertue à déconstruire, dans l'appendice à la première partie de *L'Éthique*. Ce préjugé finaliste, pour le dire très vite, consiste en une façon de voir la nature de telle manière que je pense que ce qui se passe dans la nature est fait pour moi, que la nature agit en fonction d'intentions et en vue de fins.

*R. E.* : C'est-à-dire, avant de dire que c'est pour moi, dire surtout qu'elle agit comme moi. De sorte que, quand on trouve une intention dans la nature, on ne fait qu'exporter le modèle humain.

*P. D.* : Oui, il y a une projection, avant qu'il y ait un anthropocentrisme, en effet.

*R. E.* : Ce qu'on retrouve, par exemple, dans le théisme voltairien : une nature qui fonctionnerait comme un artisan, qui aurait aussi une intention. Une forme de théologie laïcisée, mais une théologie quand même.

*P. D.* : Cette projection-là, Spinoza la considère comme normale, au sens d'inévitable ; comme il le dit : « tous les hommes *naissent* ignorants des causes des choses ». Voilà pourquoi je parle de préjugés natifs. Et du coup, nous sommes conduits par les images qui correspondent à nos désirs, à ce qui nous imaginons nous être utile. C'est donc spontanément que je juge du réel tel que je suis, et non pas du tout tel qu'il est. De la même façon, Voltaire, dans son *Dictionnaire philosophique,* nous dit ceci : « Le Soleil se lève, la Lune aussi, la Terre est immobile, et ce sont là des préjugés physiques naturels. » C'est-à-dire, si on prend aussi l'acte de préjuger comme l'acte de « juger en fonction de perceptions premières » alors nos jugements sont, en effet, pétris de préjugés.

*R. E.* : C'est-à-dire que nous prenons ce que nous voyons pour ce qui est. Héraclite qui, les pieds en l'air, le dos sur le sable, « constate » que la Lune fait le quart de son pied…

*P. D.* : Ce que vous évoquez là est lié à une idée qu'il faudra très bientôt aborder, qui est que le préjugé se prend pour la vérité. Il se prend pour la vérité à partir du moment où il procède, en effet, d'une façon d'hypostasier ce qui est proprement subjectif. À partir du moment où je considère comme des êtres réels des choses qui me concernent et ne procèdent que de moi-même (des impressions, des sentiments, des sensations), exactement comme si je pensais que la chose qui est utile pour moi est bonne en soi, alors effectivement, là, je suis bien dans le préjugé.

*R. E.* : Il faudra savoir évidemment ce qui distingue le fait de prendre ce qu'on perçoit pour des vérités, et donc ce préjugé qui dégénère en sentiment d'être convaincu de ce qu'on pense, de celui qui ne doute pas de ce qu'il raconte, et qui pourtant pense sans préjugés, à la façon de Descartes, par exemple.

*P. D.* : Oui. C'est effectivement une question de fondement de la pensée, et de façon dont peut procéder l'autonomie de la pensée. Le préjugé est natif. Je développerai également, dans un deuxième sous-moment, les préjugés acquis, c'est-à-dire l'importance de l'enfance et de l'éducation, en m'appuyant sur Descartes. Voici l'argument : nous avons d'abord affaire aux autres, les autres dont nous héritons, moralement, intellectuellement, avant éventuellement de raisonner par nous-mêmes. On connaît bien cette phrase de Descartes dans la deuxième partie du *Discours de la méthode* : « Nous avons tous été enfants avant que d'être hommes, et il nous a fallu longtemps être gouvernés par nos appétits et nos précepteurs (...). » « Nos appétits et nos précepteurs », c'est-à-dire d'une part des inclinations effectivement propres à l'enfance, sur lesquelles je reviendrai, et d'autre part nos maîtres, nos premiers tuteurs qui, poursuit Descartes, « étaient souvent contraires les uns aux autres, et qui, ni les uns ni les autres, ne nous conseillaient peut-être pas toujours le meilleur ». Aussi, conclut Descartes, il est presque impossible que nos jugements soient très « purs » ni très « solides ». Importance de l'enfance, donc, sur laquelle insiste clairement Descartes, par exemple dans l'article 71 des *Principes de la philosophie* : « La première et la principale cause de nos erreurs sont les préjugés de notre enfance. » Pourquoi ? Descartes s'en explique : parce que c'est un moment où l'âme ne raisonne pas, où l'âme n'est pas assez puissante pour s'arracher aux « impressions » premières du corps ; c'est un état passif de « réception » (je pense que cette idée de réception pourra être développée : on parle en effet d'idée « reçue »). C'est le moment de la subjectivité qui ne prend pas garde d'éviter de considérer comme objectives des impressions, des sensations essentiellement subjectives. Comme le fait de juger qu'il y a plus de substance dans le caillou que dans l'eau, ou que la Terre est immobile.

*R. E.* : Oui, le fait incontestable aux yeux du corps, si j'ose dire, que la Terre est immobile. Une petite parenthèse : Descartes est un chevalier de la table rase. Il est celui qui correspond au désir que nous avons – bien souvent les philosophes sont les interprètes de pulsions ou de passions que nous avons en nous – de faire du passé table rase...

*P. D.* : Oui, cette question de la table rase, c'est-à-dire à la fois la prise en compte, précisément, de l'ancrage et de la force du préjugé, de la crédibilité, et l'entreprise du recommencement, de la refondation, dirait-on actuellement, par soi-même et par soi seul. Pourrait ici se manifester quelque chose d'extrêmement orgueilleux de la part de Descartes ; mais il s'en explique dans le *Discours de la méthode* en défendant l'idée suivante : qu'un seul se consacre à refonder le savoir est peut-être une plus grande garantie que si quinze s'y consacraient ensemble ou les uns après les autres.

*R. E.* : Donc, préjugés natifs, préjugés acquis, que ce soit le préjugé finaliste chez Spinoza, ou chez Voltaire, ou bien chez Descartes, les préjugés de notre enfance, cet arsenal de préjugés, n'invite pas à répondre positivement à la question.

*P. D.* : Pour l'instant non, d'autant que, troisièmement, on peut évoquer un certain nombre d'inclinations naturelles, qu'on pourrait aussi rattacher à l'enfance. Une qui me semble importante, c'est la « précipitation », dont parle aussi Descartes. C'est-à-dire que le préjugé a été parfois défini comme un jugement précipité, émis avant même que l'esprit ait accédé à une complète évidence. Entre parenthèses, ce qui me semble ici intéressant, c'est cette question du « temps », du tempo de la pensée : précisément – et est-ce là sa condition première, à la pensée, pour être véritablement pensée ? –, l'effort requis pour bien juger demande du temps, irréductiblement. Et peut-être, en effet, le préjugé procède-t-il du fait que nous sommes toujours un peu trop pressés de savoir ce qu'il en est des choses.

*R. E.* : Le fait que nous soyons pressés pourrait également justifier qu'on cède à la tentation de tout balayer d'un revers de la main, et qu'on dise : « On va repartir de zéro », sans prendre le temps, justement, de choisir, de trier le bon grain de l'ivraie, et de choisir parmi les préjugés ceux qui seraient propices à une vie mieux vécue.

*P. D.* : Pour le coup, ce n'est pas tout à fait, me semble-t-il, l'attitude de Descartes qui, dans le *Discours de la méthode*, assure qu'il y a certainement des choses à prendre dans l'enseignement qu'il a reçu, et qu'il en est quand même redevable pour partie.

*R. E.* : C'est pour cela que Descartes lui-même rend hommage à ça, et Spinoza lui-même, à sa façon. On en parlait avec Nicolas Franck : Spinoza lui-même, découvrant un souverain bien, ne renonce pourtant pas à la lubricité, à l'honneur ou à la gloire.

*P. D.* : C'est la question, si je puis dire, de la façon de placer ces biens, de considérer leur importance. Inclination personnelle, précipitation : ici, un texte majeur pour ce sujet, c'est la *Réponse à la question : Qu'est-ce que les Lumières ?* de Kant, qui développe ces thèmes de la paresse, de la lâcheté, de la facilité à penser par les autres, et qui contient effectivement cette phrase magnifique : « Je n'ai pas besoin de penser, pourvu que je puisse payer », une phrase qui peut avoir mille résonances dans le monde d'aujourd'hui...

*R. E.* : Absolument. Il prend l'exemple de toutes les institutions qui dispensent de penser et qui demandent simplement qu'on obéisse ou que l'on se soumette. C'est vraiment un texte qu'il faut lire quand on a dix-sept, dix-huit ans, puisque c'est un texte qui décrit le passage à l'âge adulte, la sortie de l'état de minorité dont l'homme, d'ailleurs, dit-il, est lui-même le responsable.

*P. D.* : On y viendra plus tard, dans la considération d'éventuels remèdes, mais c'est un texte en effet qu'il faut lire, d'autant... qu'il fait moins d'une dizaine de pages !

*R. E.* : C'est un texte majeur, sur la majorité. C'est écrit de façon lisible, et pourtant c'est d'Emmanuel Kant... Mais, pour l'instant, on est toujours dans la première partie.

*P. D.* : Donc, tirons un bilan. Impossibilité, apparemment, de penser sans préjugés, préjugés qui apparaissent vraiment comme la matière première, mais aussi persistante, de nos pensées. Voilà quelle première solution on peut donner au problème, c'est-à-dire l'impossibilité d'une pensée véritablement autonome. Cela dit, cette impossibilité déclarée me semble reposer sur un présupposé, celui d'une certaine définition de la pensée. Qu'est-ce donc qui s'est appelé « penser », implicitement, à travers tout ce qui a été dit jusque-là ?

*R. E.* : Une question pratique, pardonnez-moi Philippe Danino. Est-ce que cette redéfinition de la pensée, qui invite évidemment à passer à une autre partie dans votre dissertation, vous vous y livrez à la fin de la première partie, pour justifier le passage à la seconde, ou est-ce que vous commencez la deuxième partie en disant que tout ce qu'on vient de dire implique une certaine définition de la pensée, qu'il s'agit maintenant de contester. Où est-ce que ça se situe ?

*P. D.* : Je pense que cela doit faire transition...

*R. E.* : Donc on est encore dans la première partie...

*P. D.* : Oui, on est encore dans la première partie, on tire le bilan et on se dit : « Oui, mais il y a là quelque chose qui est insuffisant, quelque chose qui appelle un rebondissement de la réflexion, un certain impensé, et reprenons-nous là-dessus. » Et effectivement, je l'indique, on est invité à passer à la partie suivante.

*R. E.* : Alors, comment définit-on la partie suivante ?

*P. D.* : La première partie a reposé sur l'idée implicite que penser était « le fait d'avoir des opinions ». C'est-à-dire ici une pensée qui, si elle pense avec préjugés, ne juge pas vraiment, bref, une pensée hétéronome. Mais la question est alors la suivante : est-ce que c'est encore de la pensée ?

*R. E.* : En somme, c'est la pensée de celui qui dit : « Moi, je pense que... »

*P. D.* : Oui, c'est ça. C'est une sorte d'opinion. L'opinion est plus large que le préjugé. Et Kant différencie l'opinion du préjugé, en disant que l'opinion peut se dépasser facilement alors que, pour le préjugé, c'est beaucoup plus difficile. Mais, ici, il y a une contradiction qui se fait jour ; la question est la suivante : est-ce que penser avec des préjugés, c'est encore de la pensée, et pas simplement de l'opinion, de la *doxa*, ou même une forme inférieure de connaissance ?

*R. E.* : Et, en même temps, est-ce que, quand on pense sans préjugés, on ne devrait pas penser indépendamment de soi, de sa propre histoire, de ce qu'on est ? Après tout, chez Kant, est-ce que le sujet empirique ne doit pas céder la place à un sujet transcendantal, à une sorte d'idéal subjectif, qui penserait sans préjugés, c'est-à-dire sans lui-même ?

*P. D.* : Sans aller jusqu'au sujet transcendantal, sans doute s'agit-il d'entreprendre de débusquer des préjugés d'abord en soi-même. Dans la mesure où nous ne naissons pas savants, hommes de science ou philosophes (quand bien même, on y viendra aussi plus tard), il n'est pas sûr que nous soyons pour autant délivrés de tout préjugé.

*R. E.* : Donc penser, ce n'est pas avoir des opinions ?

*P. D.* : Penser, ce n'est pas avoir des opinions. Si la pensée est une activité de réflexion – on adopte maintenant une signification plus stricte et, dans la copie, il faudrait le dire, très explicitement : nous changeons maintenant d'acception du terme « pensée », que nous considérons dans un sens plus strict, ou plus fort, d'activité de réflexion –, alors, à ce moment-là, il y a un divorce, de par leur nature même, entre pensée et préjugé. Ce qui nous permet de passer – dans une seconde partie – de « penser “avec” des préjugés » à « penser “sans” préjugés ». Ou, si vous voulez, de « penser “et” préjuger » à « penser “ou bien” préjuger ».

*R. E.* : En somme, on peut poser la question de savoir ce qui reste de la pensée quand on la soustrait à tous les préjugés, et s'il y avait de la pensée avant qu'on accomplisse cette opération de soustraction.

*P. D.* : Oui, c'est ça. Je ne suis pas du tout en train de nier ce que je viens de dire, à savoir que nous sommes touchés d'abord par les préjugés. Je suis simplement en train de me demander : si nous avons autant de préjugés, pouvons-nous encore dire que nous pensons ?

*R. E.* : Voilà : nous ne disons pas dans la deuxième partie le contraire de ce que nous avons dit dans la première... On ne fait que creuser son propos, ce qui justifie qu'on l'infléchisse. Allons-y, deuxième partie !

*P. D.* : Une deuxième partie qui serait consacrée à l'idée que penser, par nature – mais une nature que nous définissons justement à ce moment –, « exclut » de préjuger. Et je commencerais par définir ce que c'est que « penser ». D'une part, on pourrait prendre le terme de « penser » (je n'en ferai pas grand cas ici, on le pourrait, mais il faut choisir), au sens très large, c'est-à-dire au sens où cela comprend le fait d'imaginer, de désirer, de rêver, de songer, etc. C'est-à-dire des formes de pensée qui n'impliquent pas vraiment de jugement. Qu'est-ce que c'est que juger, au fait ? Juger, c'est dire quelque chose de quelque chose. Juger, c'est attribuer le qualificatif de « bleu » au ciel : « le ciel est bleu » est un jugement de réalité. Dire « ce tableau est beau » ou « ce film est nul », c'est la même chose : j'attribue un prédicat à un sujet.

*R. E.* : Que ce jugement soit un jugement de valeur, un jugement moral, ou bien un jugement de goût, ou bien un jugement de connaissance.

*P. D.* : Ou de réalité, quand on dit par exemple : « l'herbe est verte ». Si j'admets effectivement des formes de pensée qui n'admettent pas elles-mêmes de jugement, à ce moment-là, je fais « sauter » le sujet : il n'y a pas de problème, on peut penser sans préjugés… C'est une possibilité. J'insisterais davantage sur le fait que, quand on affirme – prenons quelques exemples, un peu bruts peut-être, mais entrons vraiment dans le préjugé concret –, quand on affirme que « tous les musulmans sont des fanatiques », que « les fonctionnaires sont des fainéants », ou même des idées du genre : « il faut respecter la nature »…

*R. E.* : … ou que les juifs sont pingres…

*P. D.* : … par exemple. Dans ces cas-là, on ne pense pas, on affirme. C'est cela qui m'intéresse ici. C'est en cela que consiste le préjugé, avec toute sa violence. On se contente d'affirmer sous l'apparence d'un jugement réfléchi, alors même que ce sont là des affirmations qui procèdent du ouï-dire, des clichés, des sentences rassurantes, qui procèdent, comme on l'a dit tout à l'heure, de l'éducation, de la paresse, de la lâcheté, de tout ce qu'on veut, mais certainement pas d'une analyse ou d'un examen sérieux.

*R. E.* : Et quand on entend les exemples que vous prenez, qui sont à dessein caricaturaux, on comprend également la nécessité, l'enjeu qu'il y a, justement, à essayer de construire une pensée autonome, c'est-à-dire une pensée (on va voir en quoi elle consiste) qui ne soit pas une opinion toujours suspecte d'être dictée par des préjugés.

*P. D.* : Encore une fois, que l'herbe soit verte, c'est très bien ; mais, « tous les musulmans sont des fanatiques », c'est, comme vous dites, d'un autre enjeu, qui est aussi l'enjeu de ce sujet. Donc, si l'on redéfinit ce que c'est que penser, la conséquence à en tirer, c'est que penser, nécessairement, n'est pas préjuger, c'est une activité qui ne peut pas envelopper de préjugés. Si l'on définit l'activité de penser par le fait de réfléchir, d'examiner, de questionner, d'exercer effectivement un examen critique, c'est-à-dire une activité intellectuelle ou rationnelle, alors penser et préjuger sont opposés et incompatibles, et donc penser avec préjugés, ce n'est pas penser.

La réponse au sujet est alors évidente : « Peut-on penser sans préjugés ? » : évidemment ! Dès lors qu'on parle de pensée, il n'y a pas de préjugé ; ou bien, effectivement, nous n'avons que des préjugés et il ne serait pas alors rigoureux de parler de « pensée ». Soit l'un, soit l'autre. C'est la raison pour laquelle Platon, par exemple, différencie, distingue expressément l'opinion de la « pensée discursive ». C'est la raison pour laquelle Spinoza, lui, distingue la connaissance par imagination de la connaissance par raison, et que toute une tradition philosophique a toujours distingué des formes inférieures de connaissances ou de pensées, d'une pensée qu'elle-même promouvait en tant que philosophie.

*R. E.* : Une tradition à laquelle on pourrait opposer, par exemple, la position nietzschéenne, qui consiste à dire que la vérité est un préjugé comme les autres, et qu'elle est à ce titre un mensonge supérieur au mensonge lui-même.

*P. D.* : Oui. J'en parlerai tout à l'heure… « Peut-on penser sans préjugés ? » Oui, dès lors qu'on pense et dans la mesure où le préjugé c'est justement l'impensé. Concluons sur ce moment. Il est évident, je dirais, qu'on peut penser sans préjugés, et que dès lors qu'on pense, qu'on parle effectivement de pensée, la question, la possibilité même de penser sans préjugés ne se pose plus.

*R. E.* : Est-ce qu'un élève qui terminerait sa dissertation là, qui s'arrêterait sur ce dernier point, pourrait recevoir une bonne note de son correcteur, ou est-ce que son correcteur se dirait : « Tiens, c'est pas mal, mais on pourrait aller plus loin » ?

*P. D.* : « Peut mieux faire »... Ça me semble un peu court encore, pour une raison simple, qui explique une certaine inconséquence des plans en deux parties.

*R. E.* : Si on peut aller à quatre, il ne faut pas s'en tenir à deux.

*P. D.* : ... en quatre heures en tout cas, et pour ce qui s'appelle « dissertation », bien sûr. Si j'ai développé un premier moment en disant qu'il était presque impossible de penser sans préjugés selon une certaine acception du terme « penser », et un deuxième moment, sorte d'« antithèse », où je dis : « voilà, c'est soit penser soit préjuger », alors que peut-on répondre à la question : « Peut-on penser sans préjugés ? » Je suis en train d'examiner les modalités de réponse et les acceptions conceptuelles, mais je me retrouve comme dans une impasse d'où il me faut sortir. C'est la raison pour laquelle m'arrêter là me semblerait un peu court.

*R. E.* : Alors continuons, comme dirait Garcin à la fin de *Huis clos*. On est avec vous à penser sans préjugés. Numéro un : on pense à partir des opinions reçues. Numéro deux : quand on pense, on se passe de préjugés si on redéfinit la pensée, soit par son activité réflexive, soit en l'étendant, justement, à ce que Descartes dit d'elle : l'imagination, le désir, le rêve et ainsi de suite...

*P. D.* : La question qui émerge maintenant est la suivante : est-ce que cette façon de dire : « soit on pense, soit on préjuge », n'est pas elle-même un peu naïve, facile, n'est pas un peu trop directement posée, comme si la pensée soit était donnée, soit ne l'était pas ? D'où vient cette pensée dont je parle là, qui se dispense aussi facilement de préjugés ? Est-elle un acquis, est-ce que poser cette forme de pensée n'est pas un préjugé ? Peut-être suffit-il, effectivement, de penser pour ne pas préjuger ; mais, compte tenu de l'ancrage, de la force des préjugés – Descartes, dans les *Principes de la philosophie*, parle effectivement de « la peine à nous en délivrer » entièrement, du « danger » de toujours y retomber –, compte tenu de cette force, la pensée n'est pas donnée sans préjugés, mais peut-être a à le devenir, c'est-à-dire à lutter, à combattre.

Nous passons là à l'idée d'une pensée comme apprentissage, travail, effort. C'est-à-dire, puisque c'est notre problème, à l'idée d'une autonomie qui se conquiert, qui a le statut d'un résultat, celui d'un travail d'émancipation.

*R. E.* : On en vient donc à la troisième partie.

*P. D.* : Voilà. La troisième partie, en effet, après « penser avec » et « penser sans », serait « penser contre » les préjugés. C'est-à-dire entrer dans les modalités, dans les conditions d'un affranchissement à l'égard des préjugés, si tant est qu'on prenne au sérieux – et je crois que c'est sérieux – cette force des préjugés. Un travail qui consiste d'abord, sans doute, à penser contre soi-même...

*R. E.* : Je voudrais justement vous poser une question à ce sujet. Lorsque Raymond Aron entend le général de Gaulle parler du « peuple d'élite, sûr de lui et dominateur », en évoquant le peuple juif, il est ulcéré, il veut prendre la plume contre cette sortie du général de Gaulle, ce qu'il finira par faire ; mais il hésite, car il redoute qu'on lui reproche de le faire en tant que juif. C'est-à-dire qu'il redoute qu'on impute à la démarche d'homme de raison, qu'il est, le fait qu'elle soit dictée par son appartenance au peuple en question. Est-ce cela, finalement, l'enjeu ?

*P. D.* : Je pense que le souci de Raymond Aron, c'était effectivement de présenter un jugement autonome à l'égard de cette phrase du général de Gaulle. L'enjeu est toujours peut-être moins celui de la vérité que de la liberté. C'est-à-dire que, pour l'instant, on n'a pas vraiment parlé de vérité : je ne crois pas que ce soit le problème de ce sujet, quand on pose le problème de l'« autonomie » de la pensée. L'autonomie de la pensée, c'est la faculté qu'une pensée aurait de procéder suivant ses propres lois. Dès lors, en effet, dès que je procède par ouï-dire, uniquement par ce que j'ai entendu, par ce que j'ai vu à la télévision, par ce que j'ai lu dans les journaux, etc., sans cette part individuelle du jugement, je suis dans le préjugé. Donc, il s'agit là, oui, de l'acquisition d'une liberté de pensée. Je crois que c'est ça qui, chez Raymond Aron, se jouait dans sa propre image à l'égard du général de Gaulle.

*R. E.* : En même temps, ce n'était pas faux de le penser. Après tout, Raymond Aron, dans les années soixante en particulier, vivait, ce qu'il a dit lui-même, un retour au judaïsme. Est-ce qu'il n'est pas illusoire et, là encore, un préjugé, de prétendre qu'on puisse s'affranchir de ses déterminations ? En somme, qu'il suffirait de penser contre soi-même pour penser en liberté ?

*P. D.* : Étudions d'abord ce que c'est que penser contre soi-même, et ce que serait cette pensée comme effort, qui est finalement – c'est cela qui m'intéresse aussi dans ce sujet – l'effort même de la philosophie. Il y a plusieurs formes possibles de ce travail, de cet effort ou de ce remède, comme on veut. On peut, dans un premier moment, revenir à Descartes, au doute, et surtout à l'idée d'une élaboration de la méthode. Vous parliez de faire table rase. La table rase, le fait de douter de tout, c'est l'entreprise délibérée, non pas la conclusion à laquelle un sceptique arriverait, mais bien l'entreprise délibérée d'un recommencement d'une pensée qui se met elle-même en quête de vérité. Et ce recommencement a deux aspects : d'abord le doute, puis la table rase. On connaît ce fameux projet qu'énonce la première des *Méditations métaphysiques*, à savoir : « Entreprendre sérieusement une fois en ma vie de me défaire de toutes les opinions que j'avais reçues jusques alors en ma créance, et commencer tout de nouveau, dès les fondements, si je voulais établir quelque chose de ferme et de constant dans les sciences. »

*R. E.* : C'est ici l'entreprise d'un homme qui « préjuge » que la fermeté et la constance passent par l'abandon de tout ce qu'il a reçu jusqu'ici en sa créance.

*P. D.* : Par où la philosophie, effectivement, pourra peut-être toujours « rêver » de se passer de préjugés. On examinera cela dans la quatrième partie. Premier aspect, donc, de cette entreprise de doute et de table rase. Deuxième aspect, son « fruit », si je puis dire : la méthode. La méthode « pour bien conduire sa raison », et en particulier, sans faire tout un topo sur la méthode de Descartes, la règle de l'évidence, dans la deuxième partie du *Discours de la méthode* : « Ne recevoir jamais aucune chose pour vraie, que je ne la connusse évidemment être telle : c'est-à-dire d'éviter soigneusement la précipitation et la prévention (...) » C'est ce terme-là qui m'intéresse ici. La « prévention », qu'est-ce que c'est ? C'est un terme que Descartes reprend toujours à titre de menace du bon exercice de la raison ; c'est la persistance dans notre pensée de jugements irréfléchis, la persistance de jugements que nous avons portés sur les choses au cours de notre enfance et qui s'imposent encore, comme si nous les avions démontrés. La « prévention », c'est de l'ordre du préjugé. Le but de cette méthode, c'est donc que la pensée puisse se réapproprier en quelque sorte elle-même, dans son exercice rationnel, et donc conquérir son autonomie. Premier aspect de cette autonomie comme effort. Le deuxième aspect demande d'en revenir à Kant. Vous voyez, je travaille avec relativement peu de références, dans la mesure où il s'agit plutôt de les rendre pertinentes et de les exploiter précisément...

*R. E.* : Ça, c'est un conseil méthodologique fondamental. Ce qui compte, ce n'est pas la somme des références, ce n'est pas toute la poudre aux yeux qu'on a dans sa besace pour le jour du bac. C'est davantage la capacité à retravailler un même exemple, ou un même texte, pour montrer qu'en le creusant, justement, on peut à la fois en montrer les limites et montrer comment on peut le dépasser.

*P. D.* : Voilà. Contrairement à ce que pensent certains élèves, on n'est pas « payé au kilo » de citations, mais au bon emploi et au bon usage de quelques références pertinentes.

*R. E.* : Oui, qu'au moins on élimine ce préjugé-là...

*P. D.* : Au moins, oui ! Deuxième aspect donc, Kant c'est le courage de l'autonomie, en revenant sur le même texte.

*R. E.* : « *Sapere aude* »...

*P. D.* : *Sapere aude,* « aie le courage de te servir de ton propre entendement », et ce, contre la paresse et la lâcheté, qui sont les causes de l'incapacité, chez l'homme, de « se servir de son propre entendement sans la direction d'un autre ». Autant Kant fait la promotion de ce passage à la majorité, autant il ne dit pas que la chose est facile. Il prend la métaphore de la marche. Il faut se lancer dans la pensée comme on apprend à marcher. On doit lâcher les béquilles, comme le petit enfant doit lâcher en effet ses tuteurs pour apprendre à marcher de lui-même. On a donc ici la question d'une volonté, la question d'un courage et celle, sans doute, d'une violence à se faire soi-même, et qui, dans ce texte de Kant – j'y insiste, on n'en a pas beaucoup parlé – a un enjeu politique : celui de se défaire des tuteurs qui seraient prêts à exploiter la crédulité, les préjugés de la foule (Kant parle du « bétail ») et à maintenir dans l'inintelligence un groupe, du coup beaucoup plus facile à manipuler.

*R. E.* : C'est ce que dit Spinoza également, on peut passer par lui, dans la préface au *Traité théologico-politique,* quand il explique que pour dompter la multitude – l'expression est de lui, me semble-t-il –, on a besoin de l'espoir comme de la crainte, qui sont les deux préjugés qui gouvernent les hommes. Élève Danino, il nous reste deux minutes...

*P. D.* : On en viendrait donc à la philosophie comme étant elle-même éducation – fût-elle rééducation – de la pensée. Si j'avais eu plus de temps, j'aurais dit quelques mots, comme une mise en abyme, sur le fait que ce sujet donne à penser le sens même d'un enseignement de la philosophie, comme mise en évidence des préjugés qui nous habitent. Dans un quatrième moment, je réinterrogerais cette autonomie ainsi acquise (jusqu'où est-elle possible ? Suffit-il de philosopher pour penser sans préjugés ?), pour montrer les limites d'une pensée sans préjugés, ce qui permettrait d'ouvrir à une positivité du préjugé. Ce que je veux dire par là, pour résumer un peu les choses, c'est que...

*R. E.* : Vous êtes là dans la position de l'élève à qui il reste dix minutes pour conclure. Là, il faut écrire très vite...

*P. D.* : Je parlerais de l'illusion... Illusion d'une exemption totale de tout préjugé : quand Descartes doute, ce doute n'enveloppe-t-il pas le préjugé de sa propre valeur, de son efficacité et de la possibilité de parvenir à une première vérité ? L'homme de science, pour pouvoir travailler, ne doit-il pas préjuger d'une harmonie, d'un ordre et d'une constance de la nature ? Et est-ce que les philosophes, comme le dit Nietzsche, ne sont pas « les avocats de leurs préjugés, qu'ils baptisent vérités » avec, comme le plus grave des préjugés, la croyance en la valeur supérieure de la vérité ?

*R. E.* : Oui, c'est ça : en tenant la vérité pour la bonté finalement, ou en en faisant un bien en soi, est-ce que les philosophes ne cèdent pas justement à la tentation des préjugés ? Quel préjugé sous-tend l'ambition de penser sans préjugés ?

*P. D.* : Voilà. Ce qui est interrogé ici, finalement, c'est le mirage d'un vrai jugement. Juger, c'est trancher. Mais a-t-on de quoi définitivement trancher ? Au fond, on n'en finirait jamais de juger, de questionner, d'essayer de fonder son propre propos, de telle sorte que, en ce sens-là, on ne pourrait pas penser sans préjugés. Juger, ce serait alors décider d'en finir avec une réflexion sans fin, se persuader de ce dont on ne peut jamais être absolument convaincu. Il serait impossible, alors, de penser sans préjuger. Mais peut-être cette impossibilité ouvre-t-elle maintenant à un autre aspect du préjugé : celui d'un jugement « provisoire » – comme l'évoque Kant dans sa *Logique* –, dont on aurait besoin, par exemple en morale, où il vaut mieux effectivement « préjuger » que le fait de tuer autrui n'est pas la meilleure chose à faire. C'est-à-dire un jugement préalable, provisoire, fondé en raison, qui se sait comme tel et qui là, paradoxalement, serait le « moyen » de la pensée et permettrait la pensée (les principes de la morale, les postulats de la science). En tant que jugement provisoire, le préjugé peut se transformer en moyen de la pensée, et même en moyen, pour la pensée, de sa propre autonomie. Et en ce sens, donc, penser serait toujours préjuger !

PLAN DU PROFESSEUR

## Peut-on penser sans préjugés ?

### I. Penser « avec » les préjugés : notre pensée est pétrie de préjugés.

*1. Des préjugés innés, natifs.*

*2. Des préjugés acquis : l'importance de l'enfance et de l'éducation.*

*3. Des inclinations « naturelles ».*

*– Conclusion-transition.*

### II. Penser « sans » préjugés : ou bien préjuger ou bien penser.

*1. Redéfinir ce qu'est penser.*

*2. Conséquence : penser n'est pas nécessairement préjuger.*

*– Conclusion-transition.*

### III. Penser « contre » les préjugés : penser vraiment relève d'un travail.

*1. Descartes et l'idée de méthode.*

*2. Kant et le courage de l'autonomie.*

*3. La philosophie, comprise comme éducation de la pensée*

*– Conclusion-transition.*

**IV. Des limites d'une pensée sans préjugés à l'idée d'une positivité du préjugé.**

*1. L'illusion d'une exemption totale de préjugés ?*

*2. Le mirage d'un « vrai » jugement ?*

*3. L'idée de bons préjugés : de l'irréfléchi à l'ante-réflexif.*

QUELQUES RECOMMANDATIONS DE LECTURE

- DESCARTES, *Discours de la méthode* (1637), II.
- *Principes de la philosophie* (1644), 1re partie, art. 47-50 et 71-72, Vrin.
- KANT, *Logique* (1800), Introduction, IX, Vrin.
- *Réponse à la question : « Qu'est-ce que les Lumières ? »* (1784), « Profil Philosophie », Hatier.
- NIETZSCHE, *Par-delà bien et mal* (1886), chap. I, Folio Essais, Gallimard.
- PLATON, *Apologie de Socrate* (vers 390-385 av. J.-C.), 20c-23e, « Les intégrales de philo », Nathan.
- SPINOZA, *Éthique* (1677), Appendice à la partie I, Ellipses.
- VOLTAIRE, *Dictionnaire philosophique* (1764), article « Préjugés », Garnier Flammarion.

## *Un homme libre peut-il obéir ?*

par Carole Diamant

*Raphaël Enthoven* : Carole Diamant, qui enseigne en Terminale au lycée Auguste-Blanqui de Saint-Ouen, va se demander pour vous si un homme libre peut obéir. Comment, pour commencer, construire une problématique sur un sujet comme celui-ci ?

*Carole Diamant* : C'est ce que les élèves appellent un très bon sujet. Pour deux raisons. D'abord parce qu'il me semble qu'il apparaît dans l'énoncé une problématique à saisir immédiatement ; le paradoxe est très visible.

*R. E.* : Le paradoxe est évidemment dans le fait que la liberté c'est de faire ce qu'on veut, et que, quand on obéit, on ne fait pas ce qu'on veut...

*C. D.* : Voilà. Le paradoxe est donné dans le sujet. Je pense qu'aucun élève ne peut passer à côté. Rien dans cette formulation n'incite au hors-sujet. Et ce serait donc un très bon sujet à choisir pour les élèves, parmi les deux propositions de dissertation. Par ailleurs, c'est aussi un bon sujet parce qu'il concerne les élèves, la question de l'obéissance les concerne vraiment et directement. Ils sont précisément à l'âge où ils ont le sentiment d'avoir obéi toute leur vie et où il va être question pour eux de découvrir leur propre liberté d'adulte, et donc de sortir de cette obéissance contrainte et servile qu'ils connaissent bien et dont ils pensent souffrir.

*R. E.* : En même temps, peut-être faudrait-il qu'ils évitent de trop personnaliser leur travail. Il ne faut pas qu'ils parlent d'eux-mêmes dans un sujet. Il y a une forme d'impersonnalité dans le traitement d'une dissertation...

*C. D.* : Ils peuvent absolument partir de leur expérience personnelle – d'autant que c'est l'expérience classique de l'enfance et de l'adolescence – mais, bien sûr, il faut seulement « partir » de son expérience et ne pas y rester, si l'on veut éviter la psychologisation du devoir. Ce qui reviendrait à en oublier l'interrogation philosophique qui se définit comme universelle.

*R. E.* : Ne pas s'en tenir à cela.

*C. D.* : Non. Cela peut être un bon coup de pouce, soit en fin d'introduction, soit en début de première partie.

*R. E.* : Est-ce que vous conseillez à vos élèves d'employer les premières personnes du singulier ou du pluriel ?

*C. D.* : Je le leur déconseille sur un critère inacceptable, je vous le dis à vous aussi...

*R. E.* : Allez-y.

*C. D.* : Ce « je » dont on parle, s'ils peuvent l'utiliser de manière impersonnelle, à la façon de Descartes, évidemment ça passe... mais il faut être assez habile dans la maîtrise du langage pour être sûr que le correcteur l'entende sans ambiguïté.

*R. E.* : Mais ce n'est pas René Descartes qui dit : « Je pense donc je suis », c'est l'humanité à travers lui.

*C. D.* : Précisément. Il dit : « Je : l'homme, ou l'homme : je. » Mais les élèves peuvent riper. C'est-à-dire qu'ils peuvent très bien comprendre l'aspect impersonnel du sujet et pourtant ne pas y rester, glisser progressivement vers un « je » personnel. Je leur conseille donc vivement de l'éviter. Premièrement, parce qu'ils peuvent se trouver confrontés à un professeur qui corrige le bac depuis des années, voire des dizaines d'années, et que ça peut agacer, lui donner l'impression que ces élèves n'ont jamais lu de textes philosophiques et qu'ils se contentent de raconter leur vie. Deuxièmement, ils peuvent réellement être conduits à raconter leur propre expérience, ce qui deviendrait très nuisible. Donc ce n'est pas un bon conseil que d'utiliser ce « je ». Hélas, faute d'en avoir pris l'habitude par la lecture des textes philosophiques, le « nous » leur paraît très artificiel. Je le leur conseille pourtant, s'ils ne peuvent pas faire autrement. Le « on » est aussi possible. Le plus habile reste l'utilisation de la tournure passive car elle met l'accent sur l'objet dont on parle – c'est-à-dire, en philosophie, sur le concept à analyser – plutôt que sur le sujet qui analyse.

*R. E.* : « Il convient de », etc.

*C. D.* : « Il convient de penser », « il convient d'en déduire », « il convient de remarquer » ou « en conséquence », « pour conclure »... Toutes ces expressions qui leur évitent le « je pense que », toujours susceptible de se contenter de lui-même, claquant la porte au nez de l'argumentation attendue.

*R. E.* : Morale de l'histoire : un, ne jamais agacer son correcteur ; deux, ne pas prendre son cas pour une généralité quand on planche.

*C. D.* : Ne pas prendre son cas pour une généralité seulement dans son aspect singulier, personnel. Mais, au fond, tous les élèves sont des représentants de l'humanité. En tant que tels, ils peuvent très bien, du point de vue de leur existence d'homme, s'appuyer sur leur expérience.

Mais, attention à toujours distinguer son expérience singulière de l'expérience universelle.

*R. E.* : Vous nous avez dit au début de cette émission que c'était un sujet cadeau, un sujet facile, un sujet en or, dans la mesure où la problématique apparaît de façon évidente. Mais alors, justement, si on travaillait d'une façon assez pure sur la façon dont on obtient une problématique à partir d'un sujet facile comme celui-ci ? Facile, c'est-à-dire que l'on peut facilement problématiser. La problématique s'obtient par une analyse des termes du sujet. Comment fait-on ?

*C. D.* : Ce que je conseille toujours aux élèves, c'est de travailler très sérieusement sur le vocabulaire. D'examiner les mots comme on examinerait – si vous me permettez cette image qui n'est pas enthousiasmante – comme on examinerait un cadavre. On ouvre et on regarde ce qu'il y a à l'intérieur.

*R. E.* : On dissèque le sujet.

*C. D.* : On dissèque les mots du sujet. En disséquant ces mots, on a l'impression d'être dans un exercice artificiel. Cependant, à la lumière des mots ressemblants – des mots opposés, des mots à peine distincts, de ceux dont ils ne savent pas s'ils sont d'exacts synonymes ou pas –, à la lumière de ces nouveaux mots qui se découvrent, ce qu'on appelle couramment la « conceptualisation » peut se faire. C'est-à-dire que surviennent alors des concepts qu'ils n'avaient pas vus venir, qu'ils ne pouvaient pas aller chercher comme ça, à froid. Donc, je leur conseille de travailler beaucoup sur le vocabulaire, de faire des listes de mots, de les classer, d'analyser les oppositions, d'affiner les définitions et de voir, comme dans un labo photo, se révéler les différents sens.

C'est ainsi qu'ils verront émerger une problématique, c'est-à-dire une opposition dans les termes mêmes du sujet.

*R. E.* : Alors, allons-y. Un homme libre peut-il obéir ?

*C. D.* : L'idée de la liberté qui est donnée ici, c'est le premier sens, celui que tous les professeurs de philosophie ont pointé : l'homme libre ne peut être soumis. C'est celui qui fait ce qu'il veut. Et, en ce sens, un homme libre est un homme qui ne souffre aucune contrainte. On définit d'abord ce terme comme absence de contraintes. Un esclave est un homme qui n'est pas libre, mais un fou est également esclave, de ses démons intérieurs cette fois...

*R. E.* : Quelqu'un, en somme, qu'on empêche de faire ce qu'il veut.

*C. D.* : Quelqu'un qui est empêché de faire ce qu'il veut, qui est sous contrainte, c'est-à-dire qui obéit à quelque chose ou à quelqu'un. L'idée de l'obéissance est très proche de l'idée de soumission, que j'ai déjà évoquée. On a là deux termes qui se font violence l'un l'autre. Soit l'homme est libre et il n'est soumis à rien ni à personne. Ni Dieu ni maître. Soit il est obéissant et il sent le poids des chaînes se porter sur lui. Voilà comment la problématique peut émerger. C'est-à-dire une opposition brutale et violente, sans nuances, entre obéissance comme soumission, et liberté comme absence de chaînes.

*R. E.* : Il faut maintenant parler de méthode. Quand on obtient une problématique, on a déjà fait, non pas la moitié du travail, mais un bon dixième, peut-être le plus important. En effet, on a sous les yeux la question à laquelle, obsessionnellement, ensuite, dans la dissertation, il va s'agir de répondre. On pourrait conseiller aux élèves – en ce qui me concerne, c'est ce que je faisais – de commencer la conclusion par : « À la question de savoir... (question qu'on avait posée en introduction), on peut désormais répondre que... » Il faut rappeler l'évidence : en philosophie, les questions sont plus essentielles que les réponses, du moins en Terminale. Mais il faut quand même rappeler que la dissertation est une réponse à une question.

*C. D.* : Cette histoire de réponse est assez complexe, parce que, quand on parle aux élèves de « réponse », ils entendent souvent « affirmation définitive et péremptoire ». Du coup, ça les limite dans l'ordre du questionnement. Or ce qu'on attend d'eux en Terminale, c'est qu'ils apprennent à interroger une affirmation qui leur est donnée dans un sujet de dissertation. Cette affirmation peut parfois prendre la forme de questions, mais elle reste une affirmation. En fait, il me semble que si on apprend à interroger une question, on a déjà fait un très, très long morceau du chemin. Dans la manière dont on interroge l'ordre des questions qu'on va poser de la première à la dernière partie – qu'il y en ait deux ou trois d'ailleurs –, on avance vers une résolution du problème.

Voici ce que j'encourage les élèves à faire en conclusion : quand ils ne savent pas comment conclure, je leur rappelle l'origine étymologique du mot « philosophie ». Elle est, bien sûr, théorique, comme chacun sait. La philosophie c'est évidemment la *sophia*, le savoir, et la *philo* l'amour, l'amour du savoir. Mais, comme tous les professeurs de philosophie en Terminale le signalent, il y a une dimension pratique à la philosophie. C'est-à-dire que si on se comporte comme un porc, on n'est pas un philosophe. Pour être philosophe, il faut se comporter de manière sage. La dimension pratique est là. Alors je leur dis : posez-vous la question de savoir ce que vous allez dire dans votre conclusion, ce qu'elle engage dans l'ordre de l'action pour vous. Vous êtes un élève, en effet, mais vous êtes un homme. Vous allez conclure quelque chose et, normalement, si tout est en ordre, à l'issue de votre réflexion, vous allez mettre en œuvre cette conclusion que vous suggérez en dernière partie de dissertation. Du coup, je crois éviter – du moins j'essaie – une sorte de conclusion mi-chèvre mi-chou, qui ne permet rien, qui n'engage rien, qui est tiède et qui déplaît souvent assez fortement au correcteur parce qu'elle ne permet aucune détermination dans l'ordre de l'action. L'idée de mettre en œuvre cette conclusion, ce dont vous parliez tout à l'heure, cette réponse à la question posée au départ, permet de prendre corps, de donner chair... et sens. La philosophie n'est pas la production d'un pur esprit mais l'interrogation d'un homme engagé dans l'action.

*R. E.* : ... d'incarner un peu ce qui, sans cela, ne serait qu'un exercice rhétorique abstrait.

*C. D.* : ... qu'il est aussi.

*R. E.* : Qu'il est aussi, il ne faut pas l'oublier non plus. Il ne faut pas que les élèves se prennent pour des artistes le jour du bac. Ce n'est pas ce qu'on leur demande.

*C. D.* : Non, ils le paieraient très cher. Il faut qu'ils gardent toutes leurs belles idées pour eux, ou qu'ils arrivent à les introduire dans un exercice ordonné.

*R. E.* : C'est une des difficultés d'ailleurs d'enseigner en Terminale. À vous entendre, Carole Diamant, je pressens qu'on a beaucoup de chance d'être votre élève. C'est une des difficultés quand même en Terminale, parce qu'il s'agit de leur donner le désir de philosopher, et en même temps de limiter ce désir dans le cadre extrêmement formel et rigide d'une dissertation « cicéronienne », comme on disait.

*C. D.* : Il ne s'agit pas de leur dire tout de suite qu'ils ne vont rien inventer, parce que c'est très démobilisant. Mais il s'agit de leur montrer au fur et à mesure, au cours de l'année, que la pensée des philosophes est extrêmement puissante, extrêmement intelligente, voire géniale, tout bien pesé ! C'est-à-dire que ce sont des gens qui ont travaillé pendant dix, vingt, trente ans sur une question. Ce qui n'équivaut pas à deux ou quatre heures de dissertation au bac. Même quand ils viennent de la Grèce antique, c'est-à-dire de très loin, où le savoir était débutant, commençant, les philosophes ont souvent exploré une question de manière absolument géniale, et il est bien difficile pour nous de les dépasser. Je crois qu'au fur et à mesure de l'année les élèves peuvent apprécier la puissance des philosophes et, à ce moment-là, avoir cette forme de modestie qui consiste à réaliser que le mieux qui puisse leur arriver, le mieux qui puisse nous arriver, c'est de les comprendre et sûrement pas de les dépasser, tout de suite, en Terminale.

*R. E.* : De les comprendre, et peut-être même de les aimer. Revenons au sujet. On a la problématique : cette opposition frontale entre un libre arbitre arrogant et les contraintes. Donc l'obéissance et la liberté ne sont pas compatibles. Comment déduit-on un plan de cette problématique ? Quel serait ce plan selon vous ?

*C. D.* : On peut évidemment inventer de nombreux plans. C'est aussi ce qu'il faut dire aux élèves. Bien sûr qu'il existe des plans plus ou moins « naturels », mais il y a plusieurs plans possibles pour une dissertation. Ils ne doivent pas arriver sur leur copie en se disant : « Il y a un truc à trouver, il faut que je le trouve. »

*R. E.* : Ou alors : « C'est un truc que j'ai déjà traité en classe… » Ou « quelque chose qui ressemble ». On rabat un sujet sur un autre, ce qui est aussi un danger.

*C. D.* : Un grand danger. Ils ont intérêt à se dire : « Je dois élaborer cette question. » C'est-à-dire : « Je dois la penser moi-même, à partir des éléments que j'ai appris en cours, que j'ai découverts en cours. » Je suis désolée d'utiliser le mot « apprendre », mais malgré tout on « apprend » la pensée des auteurs.

*R. E.* : C'est la meilleure façon de penser par soi-même.

*C. D.* : C'est bien ce que nous dit Kant, aussi.

*R. E.* : Voilà. C'est en apprenant la pensée des autres que l'on pense par soi-même. Sinon on pense tout seul.

*C. D.* : … et quand on pense tout seul, on n'est pas absolument sûr de philosopher. On a du moins ce doute-là. Donc, face au plan, il faut vraiment qu'ils se disent : l'idée est de construire une démarche de pensée qui soit cohérente. Et non pas de trouver « la » démarche de pensée qui serait potentiellement attendue par je ne sais qui. Sachant qu'on est quand même des centaines de correcteurs à corriger le bac et qu'on ne peut pas être des centaines à penser la même chose, avec les mêmes références, les auteurs qu'il faudrait à tout prix citer !

*R. E.* : Il n'y a pas d'étape obligée. En revanche, ce qui est obligatoire, c'est une argumentation précise…

*C. D.* : Ce qui est obligatoire, c'est de traiter le vocabulaire qui a été proposé par le sujet, et les idées que ce vocabulaire véhicule et met en œuvre. Ainsi, je vous propose, pour ce sujet, un plan en trois parties qui pourrait commencer – je ne vois pas très bien comment on pourrait faire cette économie-là – par : « Être libre c'est d'abord, premièrement, désobéir. » On ne voit pas comment on pourrait éviter d'envisager la question de la désobéissance. Pour quelle raison ? D'abord parce que l'homme se trouve toujours face au poids d'un monde qu'il n'a pas créé lui-même. Ne serait-ce que par rapport à cela, on voit qu'il va devoir, pour découvrir sa propre liberté, se libérer d'un certain nombre de chaînes. On pourra déjà dire, dans un premier temps, que l'homme, au sens général du terme, pour progresser, pour découvrir ce qu'il est, a d'abord dû désobéir aux lois de la nature, d'une certaine manière…

*R. E.* : … ou transgresser un commandement divin. Quel que soit l'exemple que l'on prend, on accède à la liberté.

Il y a plusieurs façons, et d'ailleurs plusieurs auteurs. On pourrait penser à Alain, qui fonde cette liberté sur l'aptitude au refus. On pourrait aussi penser – je parle sous votre contrôle – à Saint Augustin, par exemple, qui transgresse un commandement quand il va voler des poires et qui a le sentiment de désobéir à une loi. Mais restons sur Alain, par exemple.

*C. D.* : Oui, car je ne crois pas que Saint Augustin soit très enseigné en Terminale. En revanche, si vous pensez à Alain, à ce stade, moi je pense plutôt à Descartes, qui est, je pense, la culture commune à tous les élèves des classes de Terminale. Et en particulier à cette conclusion de Descartes : « L'homme doit se rendre comme maître et possesseur de la nature. » Si l'homme doit se rendre comme maître...

*R. E.* : Il faut insister sur le « comme », « comme maître et possesseur », que les élèves oublient souvent d'ailleurs...

*C. D.* : Bien sûr, puisqu'il faut faire la part belle à Dieu, qui a fait la nature. Au XVII^e siècle, il ne s'agit pas d'usurper la puissance divine, bien entendu. Je vous remercie de l'avoir remarqué et de le faire remarquer aux élèves. Si on admet cette pensée cartésienne que l'homme doit se rendre « comme maître et possesseur de la nature », cela signifie bien qu'il n'en est pas le maître. Cela signifie bien qu'au départ il obéit aux lois de la nature. Il est celui qui se soumet à des lois qu'il n'a pas choisies. Il les a reçues en héritage, il les subit. Il est dans un milieu hostile. Il risque sa vie à chaque instant, chacun le sait. Et son salut va naître de sa capacité à se libérer des contraintes naturelles. C'est, d'une certaine manière, la première manifestation de la liberté de l'homme que d'avoir été capable de s'opposer, et en ce sens de désobéir, de cette manière-là, aux lois de la nature.

*R. E.* : De s'affranchir des déterminations naturelles.

*C. D.* : Voilà. Ils trouveront de nombreux exemples techniques et scientifiques : le premier homme qui pose le pied sur la Lune, ou encore quand l'homme se met à naviguer, à rouler, à voler, à s'éclairer, voilà qui défie et dépasse toutes les lois naturelles.

*R. E.* : Est-ce que l'exemple des Jeux paralympiques vous semble un bon exemple ?

*C. D.* : Les Jeux paralympiques ?

*R. E.* : Les Jeux paralympiques, ou tout simplement quelqu'un qui n'a pas de jambes et se met à courir. Est-ce que c'est un exemple recevable ? Peut-on parler d'une contrainte lorsque quelqu'un qui est privé d'un de ses membres exerce une activité sportive pour laquelle, en principe, il n'est pas fait ? Est-ce qu'on est dans une désobéissance et un gain de liberté ?

*C. D.* : Oui. Je le vois moins directement. D'abord c'est récent, et vous m'avez surprise et troublée avec cet exemple – la logique d'une pensée est toujours fragile – auquel je ne pensais pas du tout. Vous avez raison dans la mesure où l'homme est appareillé. Dans le cas de l'homme qui marche sur la Lune par exemple, on comprend comment jaillit naturellement la capacité à développer une technique. C'est-à-dire la capacité à connaître les lois de la nature pour les transgresser, les dépasser.

*R. E.* : Et les retourner à son profit.

*C. D.* : Et les retourner au profit de l'homme. Et c'est pourquoi, j'imagine, vous faisiez référence à Alain, qui lui-même donne cet exemple de l'utilisation des vents pour faire avancer, contre les vents, une petite coquille de noix sur l'océan. Bien entendu, c'est tout ce développement, à la fois d'un savoir et d'une technologie efficace, qui va d'emblée montrer que l'humanité, peut-être par nature, en tout cas dès l'origine, désobéit immédiatement au monde qui lui est donné, ou au monde auquel cette humanité est donnée.

*R. E.* : Carole Diamant, il n'y a pas qu'à la nature qu'on désobéit. Il y a aussi à la loi. Est-ce qu'on gagne en liberté à ce moment-là ?

*C. D.* : En tout état de cause, c'est aussi aux lois de la nature qu'on désobéit. On désobéit toujours à une loi, qu'elle soit juste ou injuste, naturelle et universelle, ou artificielle et singulière. Chaque fois, l'homme éprouve son pouvoir de transgression, chaque fois, il mesure et repousse les limites, chaque fois, il gagne en liberté.

Commençons par cet exemple : la désobéissance à la loi. De préférence quand elle est injuste. Évidemment, quand elle est juste, ça pose un autre problème. Mais, momentanément, on peut dire que toute évolution politique s'appuie sur la désobéissance à la loi. L'homme arrive, là aussi, dans un milieu qui est structuré par les autres hommes et qu'il n'a pas créé. La loi, même dans un pays démocratique, où bien sûr elle est votée par les hommes, n'est pas faite par celui qui arrive dans ce monde-là ; et, quand il arrive dans ce monde, le premier acte de liberté c'est peut-être de désobéir. Je pense à Mai 68 puisque, au moment où nous parlons, nous fêtons le quarantième anniversaire...

*R. E.* : Sans parler de Mai 68, comment réagiriez-vous à une copie qui, sur un tel sujet, citerait par exemple les faucheurs volontaires de culture OGM ?

*C. D.* : Pourquoi pas ? Attention, toutefois, car les exemples trop contemporains et polémiques sont dangereux. L'histoire ne les a pas lissés, classés, figés dans une interprétation unique. Mais, s'ils sont traités de façon mesurée, que le candidat évite le cortège des préjugés qui les accompagnent dans la presse, ils sont parfaitement recevables et parfois éclairants. Les faucheurs volontaires peuvent renvoyer à l'exemple plus symbolique et plus connu de « la marche du sel » menée par

Gandhi au bord de l'océan et dont on connaît les conséquences sur la liberté des Indiens. Je considérerais en effet qu'il s'agit là d'un bon exemple de ce qu'on appelle la « désobéissance civile »...

*R. E.* : Thoreau, c'est l'auteur de référence de José Bové...

*C. D.* : Oui, Henry David Thoreau. Et, bien sûr, c'est ce que j'attends aussi. Ces actes de désobéissance civile – légitimes ou non – exigent une réflexion, la conscience d'un pouvoir, celui de dire non et la volonté de l'exercer. Ils sont ainsi le premier signe et la preuve que la liberté est possible. Que les contraintes ne sont jamais absolues, inscrites dans le marbre. Et qu'obéir n'est jamais une fatalité.

Vous avez raison de me surprendre par des exemples très contemporains, parce que les élèves peuvent y penser, mais l'expérience montre que bien peu d'élèves lisent la presse et puisque je travaille en ZEP, je pense que sur un tel sujet c'est à Rosa Parks que les miens penseront plus naturellement.

*R. E.* : Rosa Parks est celle qui a refusé de céder sa place à un Blanc. C'est la fin de la ségrégation aux États-Unis. C'est le début de la fin.

*C. D.* : Tout de suite après, un an après, c'est déjà la fin de la ségrégation. Dans les bus du moins. C'est un exemple fort car il montre que la liberté la plus manifeste émerge du refus d'obéir, qu'elle s'arrache aux conditions les plus contraignantes. La liberté est toujours, d'abord, une lutte pour dépasser les contraintes extérieures. C'est pourquoi Sartre affirme : « On n'a jamais été plus libres que sous l'occupation allemande », c'est aussi de ça dont il parle. Au moment où la loi est très puissante, très oppressante, prégnante, tyrannique, la position individuelle peut encore être une position de refus. Quel qu'en soit le prix.

Celui qui s'élève, qui refuse et pose ce refus comme sa propre loi, son propre jugement, celui-là affirme la possibilité de la liberté et l'impossibilité pour quiconque de la museler. C'est donc bien dans la désobéissance – ce n'est pas une plaisanterie, ce sujet ! – qu'on éprouve, d'abord, le sentiment de la liberté. Par ailleurs, bien que cette idée soit sans aucun doute de la tradition philosophique, on ne peut pas empêcher les élèves de penser à leur propre désobéissance, à leur propre environnement, familial, scolaire. Au fond, l'élève prend conscience de son individualité et de sa liberté quand il prend conscience qu'il peut dire non à tout cela. On peut tout à fait autoriser – et j'autoriserais tout à fait – un élève à témoigner de sa propre expérience, parce qu'elle n'est pas singulière, parce que tous les enfants découvrent leur liberté à partir de cette opposition.

*R. E.* : C'est bien ce que je pensais, on a bien de la chance de vous avoir comme prof...

*C. D.* : Merci, je n'en suis pas sûre, mais continuons...

*R. E.* : Nous avons une première partie : être libre c'est désobéir. À quoi cette première partie peut-elle conduire ? Et comment les conclusions auxquelles cette première partie conduit permettent-elles un renversement peut-être, ou en tout cas une façon d'infléchir le sujet ?

*C. D.* : Il va bien falloir ! Mais avant cela, je voudrais signaler tout de même une référence qui aurait sa place ici pour appuyer le discours sur la désobéissance. Je voudrais rappeler aux élèves, qui l'ont probablement tous lue, « La dialectique du maître et de l'esclave ».

*R. E.* : On est chez Hegel, dans la *Phénoménologie de l'Esprit*.

*C. D.* : Oui et la *Phénoménologie de l'Esprit* est une excellente illustration de cette idée. On y voit la liberté se gagner pas à pas, dépassement après dépassement. L'esclave obéit au maître. Or le moment où l'esclave va vraiment se libérer, ce n'est pas seulement dans ce premier moment où il va découvrir sa liberté à travers le travail et la lutte contre la nature, c'est surtout lorsqu'il va tourner le dos au maître et quand, au risque de sa vie, il va dire non. Les élèves le savent également : l'esclavage ne peut cesser que par la lutte et le dépassement des contraintes qui le caractérisent. C'est-à-dire par ce refus d'obéissance que nous décrivions plus haut.

Pour faire avancer la réflexion, il nous faut maintenant, comme vous le proposiez, prolonger cette première remarque en interrogeant plus avant. Ce refus de la soumission, suffit-il à définir la liberté ? Ou encore, surgit-elle brutalement de la disparition des contraintes extérieures ? En un mot, la liberté est-elle la conséquence nécessaire de la libération ?

Quand l'homme a cessé d'obéir à autrui, est-il pour autant assuré de n'obéir qu'à lui-même ? et qu'est-ce qu'obéir à soi-même ?

Très naturellement on peut penser que le refus de toute autorité, de tout ce qui l'opprime et le limite, conduit l'homme à vivre sans entraves. C'est ce qui va nous permettre d'envisager une seconde partie. Qu'est-ce que vivre sans entraves ? C'est-à-dire vivre sans Dieu ni maître, comme il se dit encore dans certaines chaumières. En l'absence de toute contrainte, de toute règle qu'est-ce qui guide l'action humaine, ce pouvoir infini de faire ?

Rien d'autre alors que le bon plaisir. Vivre comme on l'entend, au moment où on l'entend, vivre selon son propre désir, singulier, versatile, fugitif… C'est là qu'apparaît, immédiatement, le sentiment de la liberté, dans le fait de choisir de faire ce que l'on désire, quand on le désire ; et d'interrompre ses activités quand le jeu n'amuse plus, ou quand le désir se fait paresseux. Et puis recommencer, puisque le désir peut nous conduire à recommencer. En effet, par définition, le désir est singulier, les élèves le savent bien : il est particulier, il témoigne de l'individualité de chacun, de sa particularité, il appartient à chacun en propre, et en ce sens évidemment il est le signe de « ma » propre affirmation, il caractérise ma singularité, il « me » caractérise. Il me semble à ce moment-là que lui obéir c'est obéir à moi-même et m'éprouver comme seul maître de moi.

C'est d'ailleurs, d'une certaine manière, le point de vue de Rousseau dans le *Discours sur l'origine et les fondements de l'inégalité parmi les hommes*, quand il affirme qu'à l'état de nature l'homme est libre, absolument libre, totalement libre : il n'a aucune contrainte, aucune limite.

*R. E.* : Et partout il est dans les fers. C'est le début du *Contrat social.*

*C. D.* : Et, partout, il est dans les fers sous la loi de la cité ! Il insiste donc bien, par opposition, sur le fait que, à l'état de nature, l'individu est absolument libre. La liberté se définit donc bien, ici, dans la satisfaction des désirs. Il convient donc d'examiner la question du désir...

*R. E.* : J'attire votre attention, élève Diamant, sur le fait qu'il vous reste quatre minutes avant le ramassage des copies...

*C. D.* : ... et voilà, je paierai la mauvaise gestion du temps, et ne pourrai sans doute pas achever mon développement ! On va donc accélérer, j'obtempère...

Poursuivons le raisonnement en montrant, dans cette partie-là, que le désir n'est pas un, mais multiple. Multiforme, renouvelé à l'infini, il est instable et insatiable. Les désirs sont contradictoires, ils sont versatiles et mouvants. Bref, ils conduisent l'individu à être submergé par une puissance qui est celle, infinie, du désordre des multiples désirs.

Attachons-nous ici à la définition freudienne qui fait du désir le produit de la pulsion. Produit humanisé sans doute, mais produit d'une pulsion dont nous ne sommes pas maîtres et qui nous échappe totalement. Du coup, il convient de nous demander ici : « À quoi obéissons-nous lorsque nous obéissons au désir ? »

*R. E.* : Et qu'en croyant agir librement on se comporte parfois comme l'alcoolique qui croit librement se servir un verre de vin.

*C. D.* : Voilà, comme l'alcoolique de Spinoza ou, comme le disait Lacan d'une manière amusante et sympathique : « Le désir est un furet, il est passé par ici, il repassera par là. » « Et moi, ajouterai-je à Lacan, je suis où dans tout ça ? » Que devient l'autonomie d'un sujet traversé de part en part par l'inconstance des désirs ?

Du coup, la critique du désir conduit à montrer que ce que l'on appelle liberté est bien plus souvent le signe de l'aliénation au corps et à ses revendications. C'est du reste ce que souligne Leibniz en affirmant que : « L'on est d'autant plus libre qu'on agit selon la raison, d'autant plus esclave, qu'on agit selon les passions. »

*R. E.* : L'idée, en somme, que le libre arbitre repose sur l'ignorance des causes réelles qui nous font agir. Ce sentiment qu'on peut avoir de son libre arbitre tient aussi à cette ignorance-là, et qu'il faut aussi travailler ou connaître ces causes pour agir dans une véritable liberté.

*C. D.* : En effet. Pour affirmer notre liberté, il faut non seulement connaître les causes qui nous font agir, mais reconnaître ces causes comme nôtres. C'est pourquoi il est permis de douter que l'homme puisse se considérer comme vraiment libre lorsqu'il obéit à son corps (comme n'importe quel autre animal, même si le désir est toujours plus obscur et complexe que l'instinct). N'empêche, si l'homme obéit à son corps, il ne peut plus s'éprouver comme l'auteur de ses propres actes, il se sent agi plutôt qu'il n'agit. Déchiré entre désir et volonté.

Il nous reste donc une petite minute pour entamer une troisième partie, qui développerait l'idée qu'être libre c'est peut-être obéir – pour reprendre le sujet proposé –, mais c'est alors obéir à ce qui me représente véritablement, ce en quoi j'accepte de me reconnaître, c'est-à-dire la raison. C'est alors seulement que l'homme peut se dire libre en tant qu'il est autonome. On peut rappeler ici l'étymologie de ce terme… Voulez-vous la dire ?

*R. E.* : Le fait de se donner à soi-même sa propre loi.

*C. D.* : Voilà : *auto* : soi, soi-même et *nomos* : la loi. La loi est donc présente dans la définition même de l'autonomie, qui signifie dépendre de soi seul, être au principe de son être et donc libre, au sens d'indépendant. On ne peut sans doute pas échapper à sa propre loi pour s'exprimer librement. Être libre, c'est à la fois faire des projets, être responsable des actes que nous produisons et s'en sentir l'auteur. Pour s'en sentir l'auteur, il nous faut bien nous référer à la raison. Par son caractère d'universalité, la raison permet à l'homme d'élaborer et de respecter ses propres actes, singuliers et personnels aussi bien qu'un décret commun destiné à l'humanité.

*R. E.* : À l'appui de ce que vous dites, on pourrait donner un exemple, même si là on est à la fin de la dissertation. On pourrait parler de l'anarchie, qu'on prend en général pour un refus de la loi. Mais ce refus de la loi qu'est l'anarchie est en somme une intégration de la loi. Pour que l'anarchie fonctionne, pour qu'on n'ait pas besoin de gendarmes pour s'arrêter aux feux, qu'on n'ait pas besoin de feux rouges pour s'arrêter à un carrefour, il faudrait que l'homme ait intériorisé la loi au point que toute obligation, toute contrainte devienne superflue. En somme l'anarchie est un amour de la loi, et non pas un rejet de la loi.

*C. D.* : Il faut, comme vous dites, et il suffirait même, que l'homme intègre et reconnaisse la loi de la raison comme l'unique loi, à la fois singulière et commune pour que librement il s'y soumette et lui obéisse.

On pourrait ajouter, pour conclure, cette magnifique formule de Spinoza : « l'homme est plus libre dans la cité où il vit selon les droits communs que dans la solitude », solitude dont parlait Rousseau…

*R. E.* : … où il n'obéit qu'à lui-même.

*C. D.* : Eh oui, bravo. Et ainsi on pourrait dire que l'Europe occidentale se veut et pense son destin aussi bien en l'action libre qu'en l'action raisonnable.

*R. E.* : Merci Carole Diamant. Je rappelle que vous enseignez la philosophie en Terminale au lycée Auguste-Blanqui de Saint-Ouen. Vous êtes à l'origine de l'élaboration des conventions d'éducation prioritaire à l'Institut d'études politiques de Paris, depuis 2000, et vous avez fait paraître en 2005 un essai remarquable sur l'école intitulé *École, terrain miné*, paru chez Liana Lévi.

*C. D.* : Si vous me permettez une toute petite remarque : élaborer les conventions d'éducation prioritaire, c'était fortement désobéir… aux habitudes !

PLAN DU PROFESSEUR

## Un homme libre peut-il obéir ?

**I. Être libre, c'est dire non aux contraintes extérieures. Le sentiment de la liberté émerge dans la désobéissance.**

*À Dieu.*

*Aux lois de la nature.*

*La désobéissance civile.*

**II. Être libre, c'est obéir à soi-même.**

*Vivre spontanément selon ses inclinations.*

*Pour être libre, l'homme doit s'affranchir de l'obéissance à ses propres désirs.*

**III. Se reconnaître comme libre, c'est obéir à la raison.**

*Aux yeux du sujet, c'est l'intériorisation de la raison en tant qu'elle est universelle qui garantit l'acte libre.*

**Conclusion**

*Ainsi la liberté n'est pas le refus d'obéissance mais le respect et la reconnaissance de ce que le sujet définit comme soi-même.*

## QUELQUES RECOMMANDATIONS DE LECTURE

- ROUSSEAU : *Du Contrat social,* livre I, chap. VIII.
  La lecture de Rousseau peut-être utile pour le développement, dès la première partie, l'idée d'une liberté immédiate, donnée à l'homme, dans un état de nature qui ne connaît pas encore l'état social. La description d'une vie naturelle où l'homme connaît sa liberté, dans un monde clément et sans contraintes induit l'idée qu'elle n'est qu'un attribut de l'homme. Mais il peut en être privé, il la perdra dans la soumission sociale et l'obéissance à autrui.
- SARTRE : *L'existentialisme est un humanisme* (dans son ensemble).
  Texte court et essentiel sur un tel sujet. Transcription d'une intervention orale, il est parfaitement clair et accessible.
  Il définit la liberté humaine comme infinie et montre que l'homme tient ce privilège et ce fardeau du simple fait de n'avoir jamais été conçu par aucune puissance supérieure. Pour Sartre, l'homme s'invente lui-même à chacun de ses choix, diable ou bon dieu, c'est selon. Ainsi, quelles que soient sa bonne ou mauvaise foi, il ne peut jamais obéir qu'à lui-même. La soumission à l'autre est toujours un choix et jamais une excuse. L'homme reste définitivement un être libre et responsable.
- SPINOZA : *Traité théologico-politique* chap. XVI.
  Il soutient que la liberté chez l'homme n'est que le sentiment illusoire de la liberté. L'homme ne le doit qu'à l'ignorance des raisons qui le font agir. Ainsi, comme l'ivrogne croit dire librement ce qu'il regrettera amèrement le lendemain, nous croyons choisir nos conduites alors qu'elles nous sont dictées par des raisons qui nous restent obscures.
- FREUD : l'ensemble de l'oeuvre et particulièrement *Métapsychologie.*
  L'analyse spinoziste peut renvoyer, sur le terrain psychologique cette fois, à celle de Freud, où toute action est le produit d'un désir inconscient dont le sujet ignore tout. Ainsi, la liberté est un leurre qui s'explique par le jeu complexe des forces inconscientes, à la fois dynamiques et contradictoires. Dans cette perspective, l'homme obéit toujours à l'obscur désir, ce faisant il perd toutes ses chances d'être maître de ses

actions et de lui-même. Ainsi, l'utilisation de la théorie freudienne s'inscrit clairement dans la première partie. Un homme qui obéit n'est pas un homme libre.

- HEGEL : « La dialectique du maître et de l'esclave » dans la *Phénoménologie de l'Esprit*.
  Texte, bien connu, qui permet de comprendre que seules les valeurs qu'un homme se donne à lui-même le conduisent à se définir comme maître ou comme esclave. La conscience progressive que l'on prend de soi-même et du monde ; mieux, de soi-même « au sein » du monde, permet de découvrir qu'aucune force extérieure à l'être lui-même ne peut asservir l'individu. La conscience de la liberté fait la liberté, elle est la seule vérité de cette liberté. Ainsi, on peut tirer de ce texte plusieurs analyses utiles :
  – obéir à une contrainte est toujours le fait d'un homme qui se soumet. Mais il peut résister, ce qui implique qu'obéir reste un signe de liberté.
  – être libre c'est obéir à la raison dont l'homme est lui-même l'auteur et le témoin.
- DESCARTES : *Méditations métaphysiques* (méditation quatrième). Enfonce le clou et montre que toute liberté est obéissance à la raison.

## *Peut-on juger objectivement de la valeur d'une culture ?*

par Michel Eltchaninoff

*Raphaël Enthoven* : Michel Eltchaninoff, vous allez plancher sur le sujet suivant : « Peut-on juger objectivement de la valeur d'une culture ? ». Nous vous écoutons.

*Michel Eltchaninoff* : Ce sujet est difficile. La formulation est massive et complexe, et le problème qu'il soulève prête à la discussion, voire à la polémique. Pour s'en sortir, le candidat doit impérativement prendre le temps de soigneusement analyser les termes du sujet...

*R. E.* : Pour obtenir la problématique. On le dit à chaque fois, mais redisons-le encore une fois. C'est même la moitié du travail : obtenir la problématique, la question, l'axe.

*M. E.* : Oui, mais pour pouvoir élaborer cette problématique, il faut attentivement examiner chaque terme du sujet. Il comprend deux verbes, « pouvoir » et « juger », un adverbe, « objectivement », deux substantifs, « valeur » et « culture ». Il faut défricher cette phrase. Et ensuite, effectivement, tenter de construire une problématique. En deux mots, la question est de savoir si l'on peut déterminer des critères stricts, peut-être même scientifiques, pour juger de la valeur d'une culture. Par « culture » il faut comprendre une civilisation au sens très large, qui inclut un peuple éloigné ou un peuple sans écriture, par exemple, dans le présent ou le passé. Il peut s'agir des Incas comme des Chinois d'aujourd'hui, des Bororos de l'Amazonie comme des Kanaks de Nouvelle-Calédonie. On ne parle pas ici de la culture personnelle, c'est-à-dire des lectures et des connaissances musicales de Pierre ou de Paul.

*R. E.* : Avant de rentrer dans la fabrication de la problématique, juste une petite remarque sur le sujet : il est quand même formulé très bizarrement. Est-ce que « juger objectivement » (ce sujet est tombé au bac il y a deux ans) n'est pas un pléonasme ? Si on jugeait subjectivement, on préjugerait..

*M. E.* : Il faut en effet éviter que ce jugement ne soit entaché de préjugé, ce qui arrive malheureusement plus souvent qu'on ne le pense. Nous portons parfois des jugements définitifs mais purement subjectifs sur les autres cultures. Imaginons : je me fais voler mon portefeuille à Rome. Je vais ensuite raconter, ou penser très fort, en accord avec des préjugés odieux mais courants, que « les Italiens sont des voleurs ». Éventuellement, je m'en voudrais un peu mais je ne pourrais m'empêcher d'y croire et de le dire à mes proches. Puis je vivrais la même mésaventure à Lyon. Je me dirais alors que les Français sont aussi voleurs que les Italiens. Mais je commencerais à me rendre compte de l'aspect très peu objectif de ce type de jugement.

Mais doit-on, sous le légitime prétexte de ne pas verser dans le préjugé, s'interdire tout jugement de valeur à propos d'autres cultures ? Ou peut-on au contraire tenter d'élaborer des jugements objectifs sur les autres cultures ? La question est de savoir si l'on peut porter un jugement qui soit moral, politique voire scientifique, sur ce que « vaut » une autre culture. Existe-t-il des critères précis et objectifs pour indiquer qu'elle « vaut » tant, ou qu'elle vaut plus ou moins qu'une autre culture ? Est-ce possible, et en ai-je le droit – le terme « peut-on » impliquant ces deux interrogations ?

*R. E.* : La question de la valeur est difficile. Parce qu'il y a la valeur des choses au sens du prix qu'on peut leur donner. Mais il y a aussi la valeur des valeurs. C'est-à-dire : que vaut le prix qu'on donne à quelque chose ?

*M. E.* : Évidemment. On peut dire qu'on juge de la valeur de la culture par rapport à tel ou tel critère, que la Suisse vaut moins que les États-Unis en termes militaires en 2010 par exemple. Mais on peut aussi juger de la valeur d'une culture en affirmant que l'une d'elles est bien meilleure, bien plus belle, bien plus digne d'être vécue qu'une autre, ce qui peut mener à la xénophobie et au racisme. Ces sont des termes qui sont ambigus et qui devront être mis au clair durant la dissertation. Il faudra « jouer » avec ces différents sens.

*R. E.* : Allons-y, jouons.

*M. E.* : Jouons en nous demandant ce que représente le fait de juger objectivement, de trouver des critères objectifs pour évaluer une culture. On peut partir d'une différence que les élèves connaissent bien pour l'avoir certainement entendue en cours : la différence entre nature et culture. On constate que « nature » se dit au singulier, mais que « culture » – quand on parle non de la « culture générale », celle qu'on acquiert en lisant des livres ou en allant au cinéma –, se dit au pluriel. En effet, la diversité des groupes humains est irréductible. Alors apparaît la question du point de vue qu'on porte sur les cultures. Le physicien, quand il parle de la nature, n'a pas besoin de distinguer entre la nature américaine et la nature australienne. Il étudie, avec des outils précis et des concepts rigoureux, la matière.

*R. E.* : Les lois de la nature sont partout les mêmes.

*M. E.* : Voilà. Or l'anthropologue, celui qui étudie le plus scientifiquement possible les hommes des diverses cultures, doit tout d'abord constater qu'il y a d'énormes différences de langue, de religion, de système de parenté, d'organisation sociale, de vie politique, entre de très nombreux groupes humains. On pourrait partir de là, pour se dire : il y a « la » nature, mais il y a « des » cultures. On en conclut que l'on n'étudie pas « les » cultures comme on étudie « la » nature. C'est pourquoi, contrairement au physicien qui recherche des lois, on porte des jugements. Et les jugements sont souvent stricts, définitifs, mais on les énonce aussi parce qu'on n'est pas complètement sûr de soi. C'est pour cela, d'ailleurs, qu'existe la justice : parce qu'il faut se rassembler, réfléchir et juger. Établir ce qui est juste et ce qui ne l'est pas. Ce n'est pas facile, parce qu'on juge sur du divers, sur du particulier.

C'est ici qu'apparaît la question : est-ce que ce sont des jugements ou des préjugés ? Quand on parle des Suisses qui sont lents ou des Polonais qui abusent de la dive bouteille, ce sont des préjugés. Mais, en même temps, exprimer des préjugés sur les autres cultures, et souvent en avoir honte, essayer de les corriger, nous interdit-il de chercher à « évaluer » les autres cultures ? de chercher leur valeur ?

Pour esquisser une problématique sur le brouillon, il est utile d'essayer de développer deux réponses possibles à la question, de chercher des réponses immédiates. Si je réponds oui, que se passe-t-il ? et si je réponds non, qu'arrive-t-il ? On va se rendre compte que si l'on en reste au niveau du sens commun, c'est-à-dire d'une réponse un peu rapide, les deux réponses « clochent ». C'est pour cette raison, à cause des impasses du sens commun, qu'il faudra essayer de se hausser au stade de la réflexion philosophique.

*R. E.* : C'est intéressant ce que vous dites. C'est le syndrome du micro-trottoir. Si on demande son avis à quelqu'un dans un micro-trottoir, il dira qu'il faut à la fois respecter les différences – c'est l'opinion la plus communément partagée –, et que « les hommes sont tous semblables ». De sorte qu'on peut indifféremment « balancer », si j'ose dire, deux clichés : « Les hommes sont tous semblables », ou alors : « Les hommes sont tous différents, et c'est pour ça qu'il faut les respecter. » Ça peut être aussi une façon de procéder : s'attarder sur le sens commun, c'est-à-dire « l'idée reçue », c'est souvent une bonne façon de démarrer une dissertation...

*M. E.* : Tout à fait. Parce qu'en outre le sens commun est souvent plein de bonnes intentions : on a envie de dire des vérités qui font plaisir à tout le monde. On a tendance à vouloir respecter les autres cultures mais aussi à déclarer que nous sommes tous semblables et avons les mêmes droits. La situation est effectivement compliquée. C'est pour cette raison que le sujet est intéressant. Il est exprimé d'une manière lourde et un peu difficile, mais il est passionnant, parce qu'il nous invite à interroger notre envie de respecter les autres – depuis la décolonisation, nous refusons d'apprendre à tout prix aux autres peuples la manière dont ils doivent se conduire –, mais également la proclamation de valeurs universelles. C'est un réel problème que la philosophie va peut-être nous aider à résoudre. L'année de philosophie ne soulève pas des questions purement rhétoriques, mais pose de vraies questions, que nous n'avons parfois pas envie de nous poser. Au bac, pendant, quatre heures, nous sommes au moins contraints d'y réfléchir...

*R. E.* : Soit on n'a pas envie de se les poser d'ailleurs, soit on a le sentiment qu'on n'a pas le droit de le faire. Or la philosophie est aussi une façon de libérer, justement, l'aptitude à se poser des questions. Il n'y a pas de questions taboues en philosophie.

*M. E.* : On peut être politiquement incorrect sans provocation, par souci de vérité. Si nous reprenons le sujet, je vais proposer une réponse positive et une réponse négative tirées toutes deux du sens commun. Et montrer que ni l'une ni l'autre n'est satisfaisante. Première réponse : si l'on peut juger objectivement de la valeur d'une culture, la culture indienne, la culture kanak par exemple, alors on émet des jugements de valeur qui conduisent à hiérarchiser ces cultures et affirmer que certaines sont moins bonnes que d'autres. Le risque est alors de tomber dans ce que Claude Lévi-Strauss, ce grand ethnologue décédé récemment, appelle l'« ethnocentrisme ». Cela revient à considérer que mon peuple, ma culture sont au centre du monde, comme on considérait, avant le XVIIe siècle, que la Terre était au centre du système solaire ou du cosmos.

*R. E.* : En somme, se sentir le dépositaire de valeurs qui transcendent sa propre culture. Pourtant, on pourrait nous objecter que, même si on défend l'idée d'universel, celle-ci est elle-même ethnocentrée, européocentrée...

*M. E.* : Avant même d'arriver jusque-là, un Chinois peut nous dire : « Cette idée des droits de l'homme, c'est vous, Occidentaux, qui l'avez inventée, et vous avez tout simplement envie de l'imposer partout dans le monde. » Un ethnocentriste nie en effet la diversité des cultures. Il justifie l'attitude qu'a eue l'Occident durant plusieurs siècles, des grandes découvertes jusqu'à la colonisation dont nous parlions tout à l'heure. Il considère qu'il y a « une » de ces civilisations – et ça tombe bien, c'est la sienne ! –, qui est meilleure que les autres. Le but de sa culture serait alors, au mieux, d'aider les autres à accéder à ce niveau merveilleux que la sienne a atteint.

*R. E.* : Ça c'est la première option, la première piste. On juge, et on est dépositaire d'une vérité qu'il s'agirait d'imposer pour leur bien-être...

*M. E.* : Comme par hasard, c'est la nôtre : nous sommes les meilleurs, nous allons « aider » les autres à le comprendre.

*R. E.* : Alors, la deuxième perspective ?

*M. E.* : La deuxième perspective consiste à penser que si je ne peux pas juger de la valeur d'une culture c'est parce que je suis moi-même membre d'une culture. Je suis à la fois juge et partie, ce qui, lors d'un procès, est problématique. Mais cela signifie-t-il que je sois irrémédiablement enfermé dans les valeurs qui sont propres à ma culture ? Si c'est le cas, c'est l'idée même d'une humanité capable de partager les mêmes valeurs qui perd son sens.

*R. E.* : C'est-à-dire de l'humanité comme « genre » en somme. C'est-à-dire que, dans un cas, ça se fait au détriment des différences et, dans l'autre, ça se fait au détriment de l'humanité comme idée...

*M. E.* : Tout à fait. Dans le premier cas, on était ethnocentriste, à présent, on est relativiste. On déclare : « Je ne vois pas pourquoi l'Occident chercherait à imposer ses droits de l'homme parce que cette idée vient de l'Occident. » Cela implique que chacun demeure dans son coin, s'interdise de parler de l'homme en général, du monde, et essaie d'améliorer la vie des gens qui vivent dans des contrées éloignées. On se dit alors : « Je suis français, je parle au nom de la France parce que je suis de culture française... Je n'ai donc rien à dire sur les violations des droits de l'homme en Chine, en Russie ou ailleurs. Ce serait être par trop ethnocentriste. Ces pays doivent avoir leurs raisons culturelles pour de ne pas accepter l'état de droit. »

*R. E.* : Pas d'ingérence...

*M. E.* : Pas d'ingérence. Mais, du coup, on n'a pas grand-chose à dire aux autres. Au mieux, on se respecte poliment. Au pire, on se fait la guerre, puisqu'on n'a rien à s'apporter mutuellement. Les deux réponses du sens commun nous amènent donc à ce qu'on pourrait appeler une lutte des cultures. Dans la première perspective, si nous sommes les meilleurs, nous nous imposons aux autres. Dans la deuxième, nous n'avons rien à dire aux autres et, dans le pire des cas, nous nous combattons. C'est à ce point du raisonnement que l'étudiant peut mobiliser les cours et les lectures faites au cours de l'année pour sortir de cette impasse. Je considère toujours les parties d'une dissertation comme des hypothèses qui s'enchaînent, s'emboîtent, se répondent et progressent vers la meilleure formulation possible.

*R. E.* : Hypothèses auxquelles il s'agirait de donner leur chance finalement. Et, pour en mesurer d'ailleurs occasionnellement les limites, ce qui justifierait le passage à une autre hypothèse.

*M. E.* : Tout à fait. Aux adversaires de la dissertation je dis souvent que répondre par trois parties est une manière d'écouter d'autres voix que la sienne, et même d'épouser provisoirement leur point de vue – bref, de se décentrer par rapport à ses propres convictions. Cela permet d'écouter des avis différents, puis de les dépasser avant d'aborder la dernière hypothèse, celle à laquelle on tient vraiment. Pour échapper à la fois à l'ethnocentrisme et au relativisme, on peut ainsi proposer trois hypothèses. La première est celle selon laquelle il y a tout de même des critères objectifs, des réalisations tangibles, vérifiables, qui nous permettent de juger de la valeur d'une culture, à partir de certains critères...

*R. E.* : Pour le dire rapidement, la première partie est celle qui donne sa chance à l'hypothèse de l'universel...

*M. E.* : Oui, c'est ça. On montre qu'il existe certaines choses qui sont scientifiquement déterminables, quantifiables, identifiables, qui font que certaines civilisations, certaines cultures, sur ce point, sont en retard par rapport aux autres.

*R. E.* : Qui bafouent l'humanité comme genre, par exemple. On peut dire, à l'appui de cette thèse – je ne sais pas comment vous allez articuler cette partie –, ou de cette hypothèse, qu'on pourrait envisager l'exemple d'une culture qui n'est pas la nôtre mais qui pratique l'excision. Et considérer qu'au nom de valeurs objectives il est impossible, infâme, innommable, d'exciser une petite fille.

*M. E.* : Oui, par exemple. Mais, dans cette première partie, je suis plus terre à terre. Je pars de choses très simples, comme la pratique de l'agriculture, de l'élevage, de la poterie, de la métallurgie, de l'écriture, de l'existence d'un État...

*R. E.* : Vous êtes très pacifique dans vos exemples. Mais vous avez raison, allez-y.

*M. E.* : Pour l'instant oui. Comme nous cherchons des critères objectifs, nous partons d'éléments très « basiques » et vérifiables. Il est de bonne politique, dans une dissertation, de partir de choses simples pour s'élever peu à peu vers davantage de sophistication.

Prenons l'écriture et d'autres techniques transmises de génération en génération. Ces phénomènes qu'étudient l'histoire, l'archéologie, la paléontologie, les sciences humaines sont des faits objectifs. Ils permettent de déterminer des critères objectifs, dont ces sciences étudient les traces. Il y a certaines compétences techniques qui nous permettent d'avoir une vie plus sophistiquée et peut-être plus « efficace » que celle des civilisations où ces compétences techniques sont absentes.

Un exemple très simple. Lévi-Strauss est ethnologue et va étudier les peuples sans écriture du Brésil. Il emprunte des moyens de transport modernes, emporte un appareil photo, sait écrire. Il va étudier des sociétés traditionnelles comme les Bororo. Les Bororo vivent presque nus, ils n'ont pas l'écriture, ils n'ont pas d'appareil photo ni d'engins à moteur. L'ethnologue a donc les moyens techniques d'étudier le peuple sans écriture. Mais le Bororo n'ira pas faire l'ethnologie du Français. On peut se dire, dans cette première partie qui laisse sa chance au sens commun que, s'il n'y a pas d'ethnologue bororo en France, c'est à cause de faits techniques objectifs. C'est une bonne hypothèse pour un début de dissertation. Mais on va voir qu'elle ne fonctionne pas. En effet, le choix des critères que j'ai proposés est très significatif : je n'ai cité que des inventions dont nous profitons, nous Occidentaux, parce qu'ils font partie de notre histoire. Révolution néolithique, avec l'invention de l'agriculture, de l'élevage, des outils ; création de l'écriture et de l'État ; apparition des sciences mathématiques et physiques, des techniques modernes. Bref, des critères qui sont les nôtres et qu'ensuite on cherche à appliquer au reste du monde. Mais nous, Occidentaux, savons-nous utiliser les plantes comme le font certains peuples sans écriture ? Avons-nous appris à résister à des températures extrêmes, comme les Touareg ou les Inuit ? Non. Tout est donc question de critères.

*R. E.* : On a, pour le coup, un exemple tout trouvé dans l'actualité récente, puisqu'on a découvert des peuples dont on ne connaissait même pas l'existence, au cœur même de l'Amazonie. Ceux-ci, ayant vu l'hélicoptère qui les survolait, ont cru voir un adversaire, un ennemi, un dieu, je ne sais pas, et l'ont menacé de leurs lances, lui ont tiré des flèches. On est là au cœur du sujet, puisque l'objectif désormais c'est de « préserver » cette culture. C'est-à-dire de la préserver du contact même de ceux qui l'observent.

*M. E.* : Oui. On a envie, non plus d'imposer nos critères et d'abîmer cette culture, mais de la préserver. Par ailleurs, Lévi-Strauss nous explique très bien que les Mbaya, ancêtres des Caduveos, les Indiens du Brésil qu'il a étudiés dans *Tristes Tropiques,* nous trouveraient, nous Occidentaux, tout à fait indécents, parce que nous n'épilons pas nos sourcils. Ni vous ni moi n'avons les sourcils épilés. Or un Mbaya trouve que montrer ses sourcils équivaut, pour un Européen, à exhiber ses parties génitales en public : cela ne se fait pas. C'est trop naturel et franchement dégoûtant.

Bref, dans un premier temps, avec sens commun, j'ai choisi des critères qui sont propres à l'Occident, que j'ai crus scientifiques et objectifs. Mais, en fait, en réfléchissant un peu avec Lévi-Strauss, je me rends compte que d'autres critères pour évaluer les cultures sont possibles, et que ces peuples du Brésil possèdent des critères aussi valables que les nôtres.

*R. E.* : Avant d'avancer dans l'argumentation avec vous, Michel Eltchaninoff, renvoyons l'étudiant vers les textes de Lévi-Strauss, *Tristes Tropiques,* que vous avez cités, et à cette fameuse conférence, *Race et Histoire*. Ce sont deux textes qu'on peut lire en Terminale.

*M. E.* : *Race et Histoire* comprend notamment un chapitre sur l'ethnocentrisme qui est très court et qu'il vaut vraiment la peine de lire avant le bac. Pour terminer cette première partie, nous dirions que nous avons essayé de proposer des critères objectifs, mais nous nous sommes rendu compte que ces critères étaient tributaires de notre propre histoire, de notre vision des choses. D'où la transition, indispensable pour comprendre le basculement d'une partie vers une autre :

pourquoi, au lieu d'aller chercher « des » critères, qui en plus sont dépendants de la culture, ne découvririons-nous pas « un seul » critère, véritablement universel ? Ce critère, on peut le découvrir chez certains philosophes qui disent que la culture s'oppose à la nature et que l'homme à l'état de la nature a bien existé. Le critère...

*R. E.* : ... c'est le fait même d'y accéder.

*M. E.* : Tout à fait, c'est le fait même d'y accéder et de voir à quel point nous nous sommes éloignés de la nature. Dans une deuxième partie, je serais moins ethnologue et plus philosophe, j'irais vers le XVIII^e siècle, vers Jean-Jacques Rousseau, que beaucoup de lycéens connaissent. Je me demanderais si, avec l'éloignement par rapport à la nature, nous n'avons pas découvert le critère enfin objectif pour évaluer les cultures de manière juste.

*R. E.* : Renvoyons l'étudiant au texte de Jean-Jacques Rousseau. Peut-être le texte que vous avez en tête est-il un extrait du fameux *Discours sur l'origine et les fondements de l'inégalité parmi les hommes*, dans lequel – c'est à la fin du portrait de l'homme physique, l'homme à l'état de la nature – il accède au portrait de l'homme métaphysique et moral : c'est le moment où Rousseau dit qu'à la différence de l'animal, végétarien qui se laisserait mourir sur un tas de viande, l'homme est capable de changer ses habitudes et que c'est ce qui fonde son entrée dans l'Histoire : sa perfectibilité mais également, dit Rousseau, sa corruptibilité.

*M. E.* : La liberté et la « perfectibilité » de l'homme – mot tout neuf au XVIII^e siècle –, créent une situation ambivalente, puisqu'elles permettent à l'homme de s'élever au-dessus de la nature, d'entrer dans l'histoire, mais le poussent également à s'abîmer dans le mensonge, l'artifice, la vanité...

*R. E.* : L'amour-propre...

*M. E.* : L'amour-propre remplace la pitié naturelle. Il nous ferme à autrui, alors que l'être brut et naturel se précipitait sans réfléchir pour aider un semblable en danger. Cette entrée dans l'histoire apporte un bénéfice évident et, en même temps, représente une tragédie. En tout cas, elle constitue un outil qui nous permet de voir combien l'homme s'est éloigné de la nature. Avec Rousseau, peut-être tient-on ce fameux critère.

Donc, dans une deuxième partie, j'utiliserais effectivement le second *Discours*, le *Discours sur l'origine et les fondements de l'inégalité parmi les hommes*, et je montrerais que, pour Rousseau, un Français du XXI^e siècle est très éloigné de ceux qu'on appelle parfois « sauvages » ou « primitifs ». Ces derniers vivent en communion avec la nature, sans tous ces artifices au fond inutiles et dévastateurs, notamment vis-à-vis de la nature, qu'ont acquis les civilisations occidentales. Je propose donc cette perspective qui glorifie la valeur des cultures traditionnelles, dans un esprit rousseauiste. Mais ce n'est pas ma dernière hypothèse, je vais donc aussi la critiquer.

Je vais montrer que ce critère de l'éloignement par rapport à la nature, chez Rousseau, pose au moins deux problèmes. Premier problème : si le critère est : « de combien nous sommes-nous éloignés de la nature ? », nous pouvons tout à fait inverser la perspective et dire que le meilleur état c'est, au contraire, celui où nous nous sommes « le plus » éloigné de la nature. Nous avons perfectionné la médecine, gagné en espérance de vie, en confort, en instruction. Certaines formes de civilisations nous montrent que nous avons peut-être bien fait de nous éloigner de la nature. Il est tout à fait possible de renverser l'argumentation rousseauiste. Deuxième problème : Rousseau sait très bien qu'il est impossible de revenir en arrière, parce que l'homme est perfectible. Il ne peut plus, comme le raillait injustement Voltaire, marcher à quatre pattes.

*R. E.* : Oui, c'est cette fameuse lettre de Voltaire à Rousseau... Après le *Discours* dont nous parlons, Voltaire écrit à Rousseau en lui proposant de venir à Ferney « brouter l'herbe de nos vaches », disait-il.

*M. E.* : Voltaire a manifesté là à la fois son humour et sa mauvaise foi, puisque Rousseau savait pertinemment qu'il était inconcevable de revenir en arrière. On peut toujours rêver d'une vie sauvage, mais on ne peut plus la réaliser. À partir de là, on a la transition vers la dernière partie : à la fin de ce *Discours sur l'origine et les fondements de l'inégalité parmi les hommes*, Rousseau propose lui-même une solution. Il affirme que si l'on changeait de régime politique (n'oublions pas qu'il écrit en plein XVIIIe siècle, quelques décennies avant les révolutions démocratiques), même dans un État aussi corrompu que le nôtre, on pourrait créer une sorte de nouvel État de nature, une société, une culture où les gens seraient enfin libres et heureux.

*R. E.* : Retrouver les linéaments de l'amour de soi, qu'on a perdus en entrant en société. Rousseau oppose de façon très formelle, et c'est magnifique d'ailleurs, « l'amour de soi » à « l'amour-propre ». Cela fait partie des distinctions auxquelles on peut accéder sans difficulté en Terminale.

*M. E.* : Et, dans une fraternité, dans un nouveau contrat social, peut-être retrouverait-on autre chose, comme une nouvelle innocence née de la culture elle-même. Finalement, vers quoi nous oriente cette remarque finale de Rousseau ? Ne pourrions-nous pas juger « politiquement » de la valeur d'une culture ? Au lieu d'utiliser des critères qui sont prétendument objectifs, au lieu d'en appeler à une norme qui est tout de même mythologique – la « nature pure » –, pourquoi ne pas essayer de proposer des critères qui soient universalisables, universellement acceptables par d'autres, notamment par d'autres cultures, mais qui ont comme perspective de construire une vie meilleure pour tous ?

Ce serait l'hypothèse que je développerais en troisième partie. J'essaierais d'argumenter pour dire que, par-delà l'ethnocentrisme et le relativisme, il vaut la peine d'essayer à la fois de respecter les autres cultures tout en imaginant un destin commun pour l'humanité. Cette valeur ne serait plus donnée, mais construite. Elle dépendrait de notre action et de notre liberté, éteignant toute trace de préjugé ethnocentriste ou xénophobe.

*R. E.* : Alors, comment construit-on cette hypothèse, Michel Eltchaninoff ? Comment concilie-t-on ces deux dimensions ? On a bien vu comment votre devoir était construit, sur la tension entre l'hypothèse ethnocentriste qui, pour le bien des autres, prétend leur imposer la vérité qu'elle prétend être la seule à détenir, et l'hypothèse relativiste qui, prétendant respecter les différences d'autrui, ménage en autrui ce qu'il peut y avoir d'objectivement détestable. Comment concilier ces deux dimensions ?

*M. E.* : L'idée que je proposerais consiste d'abord à poser que certains critères méritent d'être jugés universellement. On sait notamment que la démocratie n'est pas une donnée, mais une conquête, et qu'une communauté où les décisions sont prises en commun, dans laquelle on n'est pas soumis au bon vouloir du chef, où l'on peut défendre ses droits, n'est pas quelque chose qui est offert par la nature, mais qui se construit historiquement dans maints endroits du globe.

*R. E.* : La dictature est un fait culturel...

*M. E.* : Tout à fait. La dictature n'est pas non plus, bien heureusement, un donné. Ce qui fait que le respect de chacun, les droits humains peuvent être développés dans des cultures extrêmement diverses : la culture chinoise, indienne ou iranienne. D'ailleurs, l'un des rédacteurs de la Déclaration universelle des droits de l'homme était chinois. Et, aujourd'hui, les rédacteurs chinois de la Charte 08, ce manifeste qui en appelle à une démocratisation du régime de Pékin, font explicitement référence à des valeurs nées en Occident, mais qui n'ont pas vocation à y demeurer enfermées. Il n'y a donc pas d'antagonisme de principe entre des cultures différentes et l'idée selon laquelle on peut construire un système politique vivable pour tous. Bref, l'idée n'est pas de dire qu'il y a une forme « unique » de vie sur Terre, mais de proposer des idées universalisantes, susceptibles de concerner tout le monde. Ce qui n'implique pas d'imposer ces valeurs par les armes – les démêlés de l'armée américaine en Irak l'illustrent.

En revanche, toute culture est certainement à même de développer ces valeurs « à partir de » son propre fonds pour les porter à l'existence.

*R. E.* : C'est de cette façon-là, donc, que vous répondez à cette alternative. Je voudrais quand même vous proposer une autre issue, histoire aussi de montrer aux étudiants qu'il y a plusieurs manières de construire une dissertation, de la conclure, et, qu'après tout, l'essentiel est d'être rigoureux dans une démarche. Un élève de Terminale pourrait se dire : « le scepticisme c'est bien, parce que ça éveille, et ça rend tolérant. » Et puis, au bout d'un moment, on mesure les limites du relativisme : « On ne peut pas tout tolérer », etc. En général, l'exemple canonique qu'on prend, c'est le chapitre des *Essais* de Montaigne sur les cannibales. Ce qui est extraordinaire, c'est qu'en Terminale tout le monde cite ce chapitre et que personne ne l'a lu. J'ai fini par lire ce chapitre, des années après l'avoir cité dans des dissertations de Terminale... En général, ce qu'on reproche à Montaigne, c'est qu'il refuse de juger les cannibales, refuse de dire que le comportement des cannibales est pire que le nôtre. Mais Montaigne fait mieux que ça, si j'ose dire. Montaigne « juge », l'homme sceptique par excellence qu'était Montaigne juge les cannibales, et il juge qu'ils sont « meilleurs » que nous. Pourquoi le sont-ils ? Tout simplement parce que les cannibales font brûler les individus, mais pour les manger. Au moins cela a un sens. Alors que nous faisons brûler les individus parce qu'ils n'ont pas la même religion que nous. De sorte qu'on pourrait imaginer – je ne sais pas ce que vous en pensez, on va terminer l'émission sur cette hypothèse, si vous voulez bien – la possibilité d'une absence de référence à toute valeur absolue. Montaigne était sceptique, il n'adhérait à aucune valeur, il ne se prenait pas pour le centre du monde. Et, en même temps, cette absence de référence n'empêche pas la possibilité ponctuelle de juger des vices et des vertus comparés d'une culture. Qu'en pensez-vous ?

*M. E.* : Je pense que Montaigne, à travers son scepticisme, s'est battu pour une forme de tolérance. Ce qui est toujours paradoxal, c'est que lorsqu'on met en avant la diversité et qu'on essaie de se mettre à la place de l'autre, ou même de considérer qu'ingérer l'autre est une forme d'honneur qu'on lui fait en le mangeant, quand on est capable d'aller aussi loin vers les autres, on promeut en même temps des valeurs d'écoute et de respect. Par là même, ces valeurs sont proposées à tous. Je suis persuadé que Montaigne, dans ce chapitre, avec ce merveilleux sens de la provocation et du paradoxe, mais aussi en se mettant sérieusement à la place d'autrui, promeut de manière implicite cette idée que chaque culture peut construire, grâce à la connaissance et à la compréhension de l'autre, une forme de vie qui soit vivable pour tous. D'ailleurs, comme plusieurs plans sont possibles, cela veut dire aussi que nous sommes capables de nous écouter et de dialoguer. C'est une valeur démocratique fondamentale. Et je pense que c'est aussi ce que voulait dire Montaigne.

PLAN DU PROFESSEUR

## Peut-on juger objectivement de la valeur d'une culture ?

**I. On peut juger de la valeur d'une culture à partir de ses réalisations objectives.**

Référence principale : Claude Lévi-Strauss, *Race et histoire* et *Tristes Tropiques*.

*1. Des critères techniques peuvent être scientifiquement définis, établis et érigés en normes d'un jugement de valeur.*

*2. Le choix de ces critères n'est pas innocent mais installe d'emblée la supériorité de certains sur d'autres, donc de telle culture sur telle autre. Le jugement en sera faussé.*

*Transition*. Le choix des critères demeure tributaire d'une certaine vision du monde, elle-même dépendante d'une culture. Il faut donc abandonner la perspective de la découverte de plusieurs critères et tenter d'en déterminer un seul, simple et massif, qui ne valorise plus automatiquement notre propre culture.

**II. L'éloignement par rapport à la nature représente un critère nous permettant de juger objectivement de la valeur d'une culture.**

Référence principale. Jean-Jacques Rousseau, *Discours sur les origines et les fondements de l'inégalité parmi les hommes*.

*1. Si l'on admet qu'il existe un état de nature de l'homme que l'on peut définir et décrire, l'éloignement relatif par rapport à cette naturalité nous aide à juger de la valeur des cultures à l'aune de leur « oubli de la nature ». Dans ce cas, les cultures occidentales sont les plus dénaturées et les moins harmonieuses.*

*2. Ce classement des cultures peut être renversé et établir la supériorité des civilisations techniquement développées*. D'ailleurs, l'entrée dans la culture est irréversible, et il ne nous reste plus qu'à rêver d'un âge d'or ou à fantasmer sur la prétendue pureté des peuples sans écriture.

*Transition*. Un retour à un nouvel état de nature semble possible par l'action même des hommes, c'est-à-dire par l'établissement d'un contrat social qui apporte liberté, égalité et bonheur aux hommes devenus citoyens. Le critère d'un jugement de valeur objectif serait alors celui de la capacité des cultures à créer des valeurs universalisables, valables pour tous.

**III. On peut juger objectivement de la valeur d'une culture non pas à partir de ce qu'elle est, mais à partir de ce qu'elle propose et offre au reste du monde.**

*1. La démocratie et les droits humains ne sont pas un critère, mais une conquête.* Ils sont nés en Occident, mais se proposent à toute culture qui souhaite s'organiser politiquement à partir du respect de chacun et de la délibération collective.

*2. Proposer des jugements de valeur à propos des cultures suppose de s'arracher à la sienne*. On n'a pas le droit de nier, par un jugement définitif, toutes les valeurs de la vie d'une culture étrangère. Mais on peut penser que certains progrès dans notre société seront rendus possibles en nous décentrant par rapport à nos enracinements et en allant emprunter des valeurs universalisables, notamment dans les autres cultures. C'est ce que font certains Chinois qui promeuvent les droits humains, ou les Occidentaux qui prônent une relation à la nature empruntée à la vision du monde chinoise.

**Conclusion**

On ne peut juger *a priori* et objectivement de la valeur des autres cultures. On peut tenter de les connaître, mais pas de les hiérarchiser. Il est en revanche possible d'émettre certains jugements de valeur qui se veulent valables pour les membres d'autres cultures – à condition de s'extirper de ses habitudes culturelles, et à condition que ces jugements de valeur s'appliquent aussi à la nôtre.

## QUELQUES RECOMMANDATIONS DE LECTURE

- LÉVI-STRAUSS, *Tristes Tropiques* et *Race et histoire*.
- MONTAIGNE, le chapitre sur « *Les cannibales* » dans les *Essais*.
- MONTESQUIEU, *Lettres persanes*.
- ROUSSEAU, *Discours sur les origines et les fondements de l'inégalité parmi les hommes*.
- VOLTAIRE, *Micromégas*.

## *Une conduite désintéressée est-elle possible ?*

par Nicolas Franck

*Raphaël Enthoven* : Aujourd'hui c'est Nicolas Franck, qui enseigne au lycée de La Folie-Saint-James de Neuilly-sur-Seine, qui va se demander « si une conduite désintéressée est possible ». On est dans la situation d'un candidat, le jour de l'épreuve, face à sa page blanche. Nicolas Franck, comment un élève réagit-il devant un tel sujet ?

*Nicolas Franck* : La première chose à éviter, c'est de répondre immédiatement à la question posée. Il faut, au contraire, chercher les raisons pour lesquelles on va avoir du mal à y répondre. Ça s'appelle construire un problème. Et, pour ce faire, il faut d'abord analyser le sujet et essayer de comprendre ce qu'est une conduite désintéressée. La chose n'est pas très difficile, puisque tout le monde sait très bien ce qu'est une conduite désintéressée, tout le monde en a des représentations simples et intuitives. Une conduite désintéressée, c'est une conduite que l'on qualifie généralement de morale, dans laquelle on va s'intéresser à autrui pour rien, dans laquelle on va négliger ses propres intérêts, c'est-à-dire négliger ce qui nous semble essentiel. C'est une conduite qui ne nous rapportera rien.

*R. E.* : En somme, instaurer avec autrui un rapport qui relève plutôt du don que de l'échange, du don de soi plus que du calcul de son intérêt bien compris...

*N. F.* : Oui, du don de soi, avec tout le problème qui va se poser ensuite de savoir quel est le « soi » qu'on donne.

*R. E.* : On est donc face à ce sujet. Le premier réflexe, c'est éventuellement de sérier, ou en tout cas de se représenter, ce qui est assez facile à faire, des exemples de conduite désintéressée.

*N. F.* : Oui, les exemples sont multiples et on peut, surtout si on est en terminale L, les tirer de ses connaissances littéraires et de ses lectures. On peut aussi les tirer de sa culture philosophique. Le premier exemple possible, d'ordre philosophique, serait celui de Thalès, que bien souvent les élèves connaissent par l'analyse qu'en propose Platon dans le *Théétète*. Thalès, le célèbre mathématicien, est tombé dans un puits, sans doute parce que, regardant trop le ciel en astronome, il marche la tête en l'air, ne prêtant pas attention à ce qui est à ses pieds. Une servante Thrace qui le voit au fond de son puits en rit beaucoup : Thalès sait peut-être quelque chose du ciel, mais il ignore ce qu'il y a à ses pieds. Ici, dire de Thalès qu'il est désintéressé, c'est dire que ce qui l'intéresse n'est pas ce qui intéresse la servante, en l'occurrence l'ensemble des choses matérielles et généralement considérées comme utiles. On peut tirer de cet exemple-là l'idée que la recherche scientifique, ou aussi bien la recherche philosophique, avec ce qu'elle contient de gratuité, est inutile, c'est-à-dire désintéressée. Elle ne porte pas sur ce qui compte spontanément aux yeux des hommes.

*R. E.* : Comment est-ce qu'on parvient, à partir d'un tel sujet, à construire la problématique, dont on ne dira jamais assez qu'elle est le point de départ et le fil conducteur d'une dissertation, et également la question à laquelle il faut répondre ?

*N. F.* : On peut partir d'un tel exemple, ou bien d'un autre qui soulèverait la dimension morale du sujet, par exemple le début des *Misérables*, lorsque Hugo nous présente Monseigneur Myriel, celui qui va produire la révélation qui sera le véritable début de l'histoire. Monseigneur Myriel apparaît au lecteur alors qu'il vient au secours d'un condamné à mort, dont ni le curé ni l'aumônier de la prison, qui devraient pourtant s'occuper de lui, ne se soucient. Monseigneur Myriel, lui, passe la dernière journée et la dernière nuit avec lui, il l'accompagne jusqu'à l'échafaud, acte désintéressé, acte jugé sublime par le peuple de Digne, mais qui est taxé d'affectation par les notables de la ville, qui lui reprochent d'en faire trop, d'avoir un autre but que le réconfort du condamné. On voit ici comment on peut facilement soupçonner une conduite désintéressée de ne pas l'être. Et on peut toujours découvrir, derrière les conduites en apparence les plus désintéressées, la satisfaction d'un intérêt, peut-être plus caché, peut-être moins évident, mais un intérêt tout de même.

*R. E.* : Oui, parce que j'allais vous dire : si on parle d'exemples où les conduites nous semblent évidemment désintéressées, alors la réponse à la question est immédiate : oui, c'est possible, puisque nous avons un exemple. Mais, si on décrypte ces conduites de manière à jeter un doute sur le désintéressement véritable de ces conduites, alors la question, cette fois-ci, s'impose et demande à être problématisée.

*N. F.* : Voilà. C'est là qu'apparaît le problème, parce qu'on ne peut que donner raison à ce soupçon. Pourquoi s'engagerait-on dans une conduite désintéressée, puisqu'elle n'a aucun intérêt ? Si on n'y trouve pas une satisfaction d'une façon ou d'une autre, cette conduite n'a pas de raison d'être. On est là au cœur d'une véritable contradiction, et construire un problème, cela consiste à présenter la contradiction qui est sous-jacente à la question posée. On ne peut ni affirmer qu'une conduite est désintéressée ni affirmer le contraire. On ne peut pas naïvement affirmer qu'une conduite est désintéressée, parce qu'on peut facilement la soupçonner d'être intéressée ; mais, en même temps, on ne peut pas nier qu'il existe des conduites désintéressées, ou, au minimum, moins intéressées que d'autres. On est pris là dans une contradiction qu'on peut se donner comme tâche, dans la dissertation, de lever.

*R. E.* : En somme, un double doute, ou un double soupçon, pèse sur la question : une conduite désintéressée serait une conduite sans raison d'être – mais existe-t-il une conduite sans raison d'être ? –, et puis une conduite désintéressée, ou le désintéressement d'une conduite, est toujours suspect de spéculer, au fond, sur un intéressement supérieur.

*N. F.* : Oui, une conduite sans raison d'être peut-elle se concevoir ? Dans une conduite désintéressée, on prend intérêt à quelque chose. Monseigneur Myriel répond à un intérêt supérieur. Pour traiter le sujet, il faut donc se demander s'il peut y avoir un intérêt désintéressé. La manière de formuler cette question, de façon immédiatement paradoxale, a quelque chose qui est intriguant pour le lecteur, ce qui dans une introduction est justement bienvenu.

*R. E.* : Un intérêt désintéressé, c'est-à-dire, en fait, une ambition au-delà des ambitions. C'est la même affaire. S'il fallait formuler la problématique, c'est-à-dire l'avoir présente à l'esprit, peut-être même d'ailleurs sous les yeux – conseil pratique à l'intention des élèves : gardez le plan sous les yeux, faites-le tenir sur une page, rédigez l'introduction et ayez la problématique constamment sous les yeux pour ne pas vous éloigner du sujet –, comment l'écririez-vous tout simplement ?

*N. F.* : Tout simplement de cette façon-là : « Y a-t-il un intérêt désintéressé ? » Je dis « simplement » parce que, bien souvent, les élèves ont tendance à reformuler le sujet, au lieu d'expliciter ce qu'on cherche, ce dont on a besoin pour répondre à la question posée ; du coup ils formulent un autre sujet et tombent dans le hors-sujet. Se concentrer sur le sujet lui-même n'est pas une mauvaise tactique !

*R. E.* : Donc : « Y a-t-il un intérêt désintéressé ? ». Recommandez-vous, Nicolas Franck, de donner le plan dans l'introduction ? Ou est-ce qu'on peut s'en tenir à la question que vous posez ?

*N. F.* : La logique de la dissertation, c'est une logique de découverte, c'est-à-dire qu'on construit progressivement son propos. Le point d'arrivée n'est pas programmé à l'avance. Ce qu'on demande au candidat le jour du baccalauréat, et c'est ce qui rend souvent cette épreuve difficile et quelquefois effrayante, c'est de penser en direct, si je puis dire, de construire une réflexion qui soit nouvelle pour le candidat. C'est une épreuve de recherche et non de restitution de connaissances. Et la question que le candidat peut se poser à la fin de l'épreuve est la suivante : est-ce que j'ai pensé à des choses auxquelles je n'avais jamais pensé ? La réflexion c'est ce qui permet de découvrir de nouvelles idées. On peut évidemment proposer à la fin de l'introduction les questions auxquelles les parties vont successivement répondre.

*R. E.* : Alors allons-y : comment construire un plan à partir de cette question ?

*N. F.* : Je propose, dans la première partie, de partir du plus simple, c'est-à-dire de ce qui est le plus évident pour tous, par exemple pour le peuple de Digne témoin de l'action de Monseigneur Myriel : il y a des conduites désintéressées. À partir de l'analyse d'exemples qui vont permettre de définir ce qu'est une conduite désintéressée, nous pourrons, dans cette première partie toujours, nous interroger sur les conditions de possibilité de cette conduite désintéressée.

*R. E.* : Un point sur le traitement des exemples. L'utilisation des exemples dans une dissertation n'est pas cosmétique, ce n'est pas du rouge à lèvres. Les exemples, c'est le fond de l'affaire, si j'ose dire, c'est ce dont l'analyse doit guider l'argumentation.

*N. F.* : Oui, ce dont il faut sans cesse se nourrir pour montrer que l'on comprend ce que l'on est en train de faire.

*R. E.* : Alors, exemple ?

*N. F.* : Le premier exemple qu'on peut prendre, c'est celui de Thalès que je proposais tout à l'heure. Il permet de dégager un premier critère, ou une première caractéristique, du désintéressement, à savoir l'inutilité ou la gratuité. Ce que cherche Thalès, ce ne sont pas des choses qui vont lui être utiles. C'est le savoir qui ne sert à rien, qui est pure contemplation ; savoir pour savoir et non pour agir, et non pour en tirer des applications techniques. Il le prouve lui-même, puisque pour faire taire les moqueries, il utilise ses connaissances météorologiques pour prévoir, c'est Aristote qui raconte ça...

*R. E.* : ... c'est ce que j'allais vous dire. Le Thalès dont vous parlez c'est celui de Platon, celui du *Théétète*, c'est celui qui se casse la gueule dans le puits parce qu'il a la tête dans les étoiles...

*N. F.* : ... ce n'est pas sûr qu'il se casse la gueule, il y a d'autres interprétations qui disent qu'il est descendu volontairement dans le puits pour mieux voir le ciel parce que, quand il y a de l'obscurité autour, on voit mieux. C'est la servante qui ne peut concevoir qu'on s'intéresse à l'étude du ciel qui pense qu'il est tombé.

*R. E.* : Mais le fait est qu'il ne voit pas ce qui est à ses pieds, il converse avec les dieux, comme dit Socrate. Et puis il y a le Thalès d'Aristote, celui qui fait fortune en spéculant sur les olives.

*N. F.* : Oui, il achète tout les pressoirs pour ensuite les sous-louer, parce qu'il a prévu que la récolte d'olives sera bonne la saison suivante, grâce à ses connaissances théoriques désintéressées. Mais il le fait une fois pour prouver qu'il est capable de faire fortune – Aristote dit ça aussi pour expliquer ce que c'est que le monopole – et ensuite il retourne à ses occupations, étant débarrassé des commentaires critiques qu'on peut faire autour de lui à propos de sa pauvreté, de son refus de s'intéresser aux choses habituellement intéressantes pour les hommes, comme l'argent.

*R. E.* : En somme, il est parfaitement capable de faire comme tout le monde, mais il a mieux à faire.

*N. F.* : Oui, il est devant quelque chose qui est plus intéressant, mais ce quelque chose de plus intéressant que les occupations habituelles est gratuit et inutile : c'est le savoir. Il y a là une première caractéristique : inutilité, gratuité du désintéressement.

*R. E.* : Et en même temps il y a peut-être d'autres dimensions de ce désintéressement, notamment morales ?

*N. F.* : Oui. Le deuxième exemple que l'on peut prendre, c'est celui du bon Samaritain qui dans, l'évangile de Luc, vient en aide à un homme à demi mort au bord du chemin, devant qui un prêtre et un lévite étaient passés sans lui porter aucun secours. Pour bien comprendre cette situation, il faut la mettre en parallèle avec Antigone, Antigone qui veut porter secours à son frère pour l'enterrer. Créon ne veut pas, au motif que c'est un ennemi de la cité. Mais l'attitude d'Antigone est elle-même très intéressée : Antigone veut lui porter secours parce que c'est son frère, elle ne le ferait pas pour n'importe qui.

*R. E.* : Enfin, lui porter secours…

*N. F.* : À sa dépouille bien sûr, à son âme.

*R. E.* : Disons qu'Antigone obéit à d'autres lois qu'aux strictes lois politiques dont Créon est le maître.

*N. F.* : En même temps, on peut dire que l'attitude d'Antigone, par rapport à celle du Samaritain, a quelque chose de très intéressé, puisqu'il ne s'agit pas de n'importe qui. Il s'agit de la dépouille de son frère. Il y a un rapport de *philia* entre elle et son frère, de sorte qu'il y a une forme de souillure, pour elle-même, à laisser pourrir la dépouille à l'air libre. Tandis que le bon Samaritain porte secours à quelqu'un qui lui est étranger, et dont on pourrait même se dire qu'il est un ennemi. C'est ainsi qu'on peut interpréter cette parabole.

*R. E.* : C'est-à-dire que le bon Samaritain, plus qu'Antigone, se débarrasse de lui-même, en somme ?

*N. F.* : Oui, il se débarrasse de lui-même et, du même coup, son action s'élève à une dimension universelle. C'est-à-dire qu'elle ne se porte pas seulement sur mes proches. Ici, le prochain, l'amour du prochain, est à entendre de manière universelle, et non pas comme celui qui m'est le plus proche dans l'espace. Universalité donc, ce sera la deuxième caractéristique du désintéressement.

*R. E.* : Avec une dimension qu'on pourrait peut-être appeler ici sacrificielle ?

*N. F.* : La dimension sacrificielle justement, je voulais l'introduire avec un troisième exemple, le Charlot vagabond des *Lumières de la ville,* parce que je ne suis pas sûr que cette dimension soit très présente avec le Samaritain : son action ne lui coûte finalement pas grand-chose puisqu'il ne fait que donner de l'argent pour un logement. Dans *Les Lumières de la ville*, Charlot tombe amoureux d'une jeune fleuriste aveugle, qui le prend pour quelqu'un de très riche. Elle le débarrasse de son moi apparent, ce qui lui permettra d'accéder à sa personne réelle. Pour l'aider à vivre et à payer une opération très chère qui va lui permettre de voir enfin, il se livre à toutes sortes d'activités, il sacrifie à peu près tout de lui et de sa vie, jusqu'à faire de la prison pour un cambriolage qu'il n'a pas commis mais qui lui a permis néanmoins d'obtenir de l'argent.

*R. E.* : Il ne fait cela que par amour. C'est là peut-être qu'il y a une objection à formuler, parce qu'il est épris de la jeune fleuriste.

*N. F.* : Justement non, parce que dans l'une des deux scènes qui marquent le mieux le désintéressement, la scène de la rencontre, il n'a pas encore eu le temps d'être amoureux, cela se voit. Elle lui tend les fleurs parce qu'elle pense qu'il est riche et il lui donne sa dernière pièce, parce qu'il ne peut pas faire autrement : c'est un acte désintéressé, c'est un acte de pure bonté, c'est un don. Et comme ensuite la personne riche, avec qui elle le confond, repart dans sa voiture – il y a un claquement de porte et elle croit qu'il est parti –, il ne peut pas récupérer sa monnaie, parce qu'il ne veut pas la décevoir en lui révélant qu'il n'est pas l'homme à la voiture ; c'était sa dernière pièce, il ne récupérera pas sa monnaie, et il ne dit rien. Il n'est pas encore amoureux à ce moment-là. Il sera amoureux quelques secondes plus tard. Peut-être qu'il est amoureux grâce à cela.

*R. E.* : C'est ce que j'allais vous dire. C'est-à-dire qu'ici ce n'est pas l'intérêt, ce n'est pas le calcul d'un homme qui, pour séduire la fleuriste, donnerait tout ce qu'il a, auquel cas on ne serait plus dans le désintéressement total, mais c'est un homme dont l'amour naît à la faveur d'un geste irréfléchi et parfaitement désintéressé.

*N. F.* : Oui.

*R. E.* : Donc on a ces trois exemples : Thalès, le bon Samaritain, Antigone éventuellement, Charlot.

*N. F.* : De quoi on peut tirer : inutilité, horizon d'universalité et oubli de soi, qui peut aller jusqu'au sacrifice.

*R. E.* : Inutilité, universalité, oubli de soi. Est-ce que ça veut dire dans ces conditions qu'on ne peut pas parler de désintéressement à propos de l'amitié ? Dans la mesure où l'amitié, contrairement aux vertus de la charité, par exemple, n'est pas du tout universelle. Quand on a des amis qu'on invite, par exemple à dîner chez soi, et qu'on choisit ses amis, on le fait à l'exclusion du reste de l'humanité, ce n'est pas une vertu chrétienne.

*N. F.* : Oui, le fait que l'on choisisse ses amis fait justement partie de l'ambiguïté de l'amitié. Est-ce que l'amitié est désintéressée ? On pourrait dire, avec Aristote, qu'elle est désintéressée parce que c'est une fin en soi, c'est un souverain bien ; on a des amis pour avoir des amis, et non pas en vue d'autre chose, l'amitié n'est le moyen de rien, elle ne satisfait aucun intérêt que celui de jouir de ses amis. Et puis, en même temps, on pourrait aussi bien dire qu'il y a dans l'amitié la satisfaction d'un intérêt, dont on va voir que ce n'est pas un intérêt matériel : à partir du moment où il y a élection, choix – on n'est pas l'ami de n'importe qui – il y a en effet quelque chose qui fait que l'on ne sacrifie pas son moi mais, au contraire, on lui permet de croître, de prospérer. Mais peut-être va-t-on voir que, justement, l'intérêt désintéressé, qu'on trouvera à la fin de la dissertation, sera un intérêt qui permettrait au moi de se fortifier et non pas de se sacrifier.

*R. E.* : Qui aime Dieu, ne peut faire effort pour que Dieu l'aime en retour, c'est Spinoza qui le dit. On pourrait peut-être trouver ici une formule du désintéressement. Revenons-en au plan que vous proposez, Nicolas Franck. Inutilité, universalité, oubli de soi, quelques exemples sublimes : le bon Samaritain, Thalès, Charlot, peut-être le plus beau d'entre eux. Comment justifier, au terme de ces exemples, de leur analyse, le passage à une deuxième partie ? Est-ce que cette deuxième partie doit s'opposer frontalement à la première ?

*N. F.* : Avant de passer à une deuxième partie, nous avons des exemples à analyser. Nous avons trouvé des caractéristiques du désintéressement mais il faut les rapporter à ce que nous disions en introduction : une conduite désintéressée est généralement une conduite morale. Puisque ces exemples-là nous permettent de dire que le désintéressement par excellence, c'est l'acte moral : Myriel, le Samaritain et Charlot le montrent assez.

*R. E.* : C'est là que vous vous servez de Kant ?

*N. F.* : C'est là qu'on peut se servir de Kant, en effet, en montrant (ce sont des choses que les élèves connaissent très bien, surtout quand on est proche du bac) qu'une action ne peut être morale que si elle est désintéressée, que si elle est faite par devoir et non pas conformément au devoir, et que si le mobile de l'action est pur, c'est-à-dire si le mobile est formel et non matériel.

*R. E.* : Raison pour laquelle, chez Kant, le bonheur est un idéal indigne de l'homme, puisque le bonheur relève forcément d'un intérêt particulier, et qu'il y a autant de bonheurs qu'il y a d'individus empiriques. Il s'agit d'accéder à la dimension transcendantale du sujet, c'est-à-dire au moment où, effectivement, le sujet dépasse le simple calcul de son intérêt bien compris : c'est l'impératif catégorique.

*N. F.* : En effet, la question qu'il faut se poser, une fois qu'on a commencé à énoncer les conditions de la conduite désintéressée, c'est la question que nous posions dans l'introduction, à savoir : si le mobile de nos actions est pur, s'il est purement formel, comme le dit Kant pour élucider la notion de morale, comment est-ce que nous allons nous mettre à agir ? La loi morale se formule à nous sous la forme du devoir parce que nous sommes des êtres finis, c'est-à-dire des êtres sensibles ; mais, pour cette même raison, nous avons besoin d'un mobile sensible pour nous mettre à agir. En toute rigueur une action désintéressée est donc impossible, puisque les seuls mobiles qui puissent présider à l'action d'un être fini sont impurs. La solution que propose Kant est celle du respect. C'est-à-dire un sentiment, mais pas n'importe lequel, puisque ce n'est pas un sentiment confus comme le sont les autres sentiments, mais c'est un sentiment qui est spontanément produit au spectacle de la loi morale. Et cela voudrait dire alors que nous serions en quelque sorte conduits à agir moralement par la reconnaissance de la grandeur d'une action morale, lorsque nous sommes placés devant elle.

*R. E.* : En somme, de même que le vent incline les roseaux, Gandhi suscite, par le bel exemple de sa vie, des comportements identiques.

*N. F.* : C'est ça. On peut ainsi prouver la possibilité d'une action désintéressée non pas par la pureté de l'intention de celui qui agit, mais par l'effet produit par une action, en apparence désintéressée, sur les spectateurs. On peut voir dans le respect, dans l'intérêt que les spectateurs prennent aux actions désintéressées, par exemple dans l'intérêt que nous prenons à Monseigneur Myriel s'occupant de ce condamné à mort, la preuve de notre intérêt au désintéressement.

*R. E.* : Alors, si on prend l'exemple kantien, juste pour rester encore un instant sur cette première partie, on peut penser au fameux exemple de l'épicier, chez qui vous avez acheté trois légumes : vous avez oublié votre portefeuille et le lendemain, quand vous y retournez, l'épicier vous rend votre portefeuille. Le mobile véritable de son action nous échappe. Nul ne sait s'il vous rend votre portefeuille parce qu'il fait le calcul selon lequel, en vous le rendant, il vous « fidélise » comme on dit, de sorte qu'il y a plus d'intérêt pour lui à vous voir revenir devant son étal plutôt qu'à garder les cinq euros que vous aviez dans votre portefeuille. On peut aussi considérer que s'il rend le portefeuille, c'est tout simplement parce qu'il faut le rendre, parce qu'il n'est pas à lui, et aucune autre considération que celle-là n'entre en jeu. En revanche, du point de vue des effets, le fait que quelqu'un qui n'est pas obligé de le faire vous rende votre portefeuille peut avoir des effets vertueux sur moi-même.

*N. F.* : C'est ça. Je veux essayer de me montrer digne de son acte.

*R. E.* : Alors, comment passe-t-on à la seconde partie ? Où est le problème, si j'ose dire ?

*N. F.* : D'une certaine façon il n'y en a plus. La construction d'une dissertation suppose qu'on puisse s'arrêter à la fin de chaque partie. À la fin de chaque partie on a répondu à la question et on pourrait s'en aller. Évidemment, on n'aurait pas tout à fait répondu, puisque...

*R. E.* : ... ce serait tout à fait désintéressé de la part d'un candidat bachelier de s'en aller à la fin de sa première partie...

*N. F.* : Ça ne manquerait pas d'allure... On a trouvé un intérêt désintéressé, sous la forme du respect. Mais, en même temps, il y a quelque chose ici qui n'est pas suffisant. Est-ce que ce que nous respectons, c'est vraiment la loi morale ? Je veux dire qu'il y a dans le respect quelque chose qui se porte bien davantage sur le caractère héroïque de l'action, plutôt que sur son caractère moral. Par exemple, nous ne respectons pas Charlot. Nous pouvons reconnaître le caractère désintéressé de ce qu'il fait, il nous fait pleurer – on pleure beaucoup devant *Les Lumières de la ville*, surtout à la fin – mais nous n'éprouvons aucun respect. En revanche, nous en éprouvons pour des actions qui ont une forme de grandeur héroïque, qui sont sans doute morales, qui supposent un usage grandiose, peut-être même grandiloquent, de la volonté. Cela va nous faire nous demander si le respect ne se porte pas davantage sur ce que Kant appellerait la « matière » du mobile, et non pas sa forme. Est-ce que le respect tel que le conçoit Kant, celui qui nous incite à agir moralement, existe vraiment ?

*R. E.* : En somme, c'est la différence qu'il y a entre le fait de dire : « Je respecte quelqu'un » et le fait de dire « Ah, respect ! » devant une action héroïque. Quand on dit : « Ah, respect ! », c'est parce qu'on admire l'héroïsme du geste, quel que soit le héros.

*N. F.* : Voilà. Le premier respect dont vous parlez ne produit aucune action, le second si, mais ce n'est pas une action morale. L'intérêt désintéressé que nous avons trouvé semble trop désintéressé pour nous intéresser à agir ; il faut donc se demander si cette recherche d'un intérêt désintéressé n'est pas une chimère d'esprits par trop naïfs.

*R. E.* : C'est dire que le passage d'une partie à l'autre n'est pas la juxtaposition d'arguments en faveur d'une thèse, puis la juxtaposition d'arguments en la défaveur de cette même thèse. Il s'agit de creuser une thèse pour en montrer éventuellement les limites, et justifier par là même qu'on infléchisse son propos dans une deuxième partie.

*N. F.* : Oui. Il faut bien comprendre que la construction d'une dissertation est organique, qu'on doit progresser, et qu'il est hors de question de juxtaposer des parties en disant « oui », « non » et puis « peut-être », dans une sorte de compromis habile.

*R. E.* : « Thèse, antithèse, foutaise. » C'est Sartre qui disait ça.

*N. F.* : Oui, enfin bon... Il a passé une partie de sa vie à écrire sous cette forme, à faire des dissertations de khâgneux...

*R. E.* : C'était une façon de se moquer de lui-même probablement. Donc, allons-y dans la deuxième partie.

*N. F.* : La deuxième partie doit partir de ce scepticisme, scepticisme dont Kant fait état lui-même, que l'on peut avoir à l'égard des mobiles réels de l'action. Est-ce qu'il n'y aurait pas quelque chose, finalement, de beaucoup plus réaliste, de beaucoup plus simple, de plus clair, à considérer qu'il n'y a pas de grandeur ni d'héroïsme, même dans l'action du commerçant ? La grandeur apparente dans l'action du commerçant qui rend le portefeuille se ramène à cette maxime très prosaïque : « C'est son intérêt bien entendu. » Il y aurait là ce que Tocqueville appelle une vertu démocratique, c'est-à-dire qu'il y aurait quelque chose de clair et rassurant à se dire que la façon que l'on a d'agir est entièrement explicable par un calcul d'intérêt assez simple. Et, en effet, lorsque nous sommes devant une action désintéressée, nous nous trouvons toujours devant quelque chose d'incompréhensible, peut-être même d'inquiétant.

*R. E.* : Et, en logique libérale, le calcul de son intérêt particulier contribue à l'harmonie générale ou à la vertu publique.

*N. F.* : Notamment, dit Tocqueville, parce que l'intérêt bien entendu suppose que l'on soit capable, justement, de limiter les débordements et de tenir compte aussi de l'intérêt des autres, puisque nous en aurons besoin : le calcul de ce commerçant qui rend le portefeuille...

*R. E.* : C'est tout l'intérêt de Tocqueville, d'ailleurs, qui, contre Rousseau, pense la possibilité démocratique sans la faire reposer sur la vertu de l'homme, qui accepte ce que l'homme a de mesquin et qui, pourtant, conçoit la démocratie. Alors que Rousseau la faisait reposer sur l'aptitude humaine à se vouer continuellement à la chose publique...

*N. F.* : Oui, et en même temps, c'est ce qu'on verra à la fin de cette deuxième partie, il y a tout un jeu de l'amour-propre, qu'utilise aussi Rousseau, qui d'une certaine façon peut même contredire ce bel optimisme de Tocqueville, à beaucoup d'égards.

*R. E.* : C'est intéressant. Parce que l'optimisme politique de Tocqueville va avec un pessimisme anthropologique : les humains sont médiocres, mais la démocratie est possible.

*N. F.* : Et Rousseau explique (on va voir cela bientôt, à la fin de la partie) que les hommes se déprécient, se jugent mal, quand ils se croient intéressés.

*R. E.* : Alors allons-y.

*N. F.* : Le point de départ de cette partie est donc ce soupçon assez simple, que tout le monde peut avoir, ce soupçon qui consiste à penser que les actions en apparence désintéressées sont en fait intéressées ; et il est possible de reprendre les exemples de la première partie pour montrer que, là où nous croyions voir de l'intérêt et du désintéressement, il n'y a que la satisfaction d'un désir intéressé, ou d'un désir d'obtenir quelque chose par le moyen de l'apparence du désintéressement, un moyen de satisfaire son moi, même en donnant l'apparence du sacrifice.

*R. E.* : C'est-à-dire que les parties se soutiennent tellement, dans une dissertation, que le même exemple peut être employé deux fois. Ce qui prouve d'ailleurs non pas qu'on se répète, mais, au contraire, qu'on creuse le sujet.

*N. F.* : On approfondit sans cesse, en effet ; c'est le mouvement naturel d'une dissertation. Nous étions dupes des apparences dans la première partie, nous sommes un peu moins naïfs parce que nous avons davantage réfléchi dans la deuxième et, par conséquent, nous découvrons des choses qui, au premier abord, ne se voyaient pas. Ici on peut utiliser les *Maximes* de La Rochefoucauld, dont tout le travail consiste à démasquer l'intérêt sous le désintéressement. Par exemple, La Rochefoucauld dirait que l'action du bon Samaritain est une action qui vise à se donner une forme de supériorité sur son ennemi, à prendre de l'ascendant sur lui, de manière à en ressortir grandi à ses yeux, aux yeux d'éventuels spectateurs et par cette reconnaissance aux siens propres.

*R. E.* : Nietzsche lui-même, qui était un grand lecteur des moralistes français, ne dit pas autre chose quand il soupçonne la charité d'intéressement, c'est évidemment ce qui est en jeu.

*N. F.* : Oui. La Rochefoucauld dit, je cite : « L'intérêt parle toutes les langues et joue toutes sortes de personnages, même celui du désintéressé. » Et on peut repenser ici à Charlot, en disant ce que vous disiez tout à l'heure : il est amoureux. Mais il n'existe pas, c'est un vagabond, sa vie n'a pas de sens, il est expulsé de partout, son corps est « en trop » dans tout le film. Avec la jeune aveugle, il trouve quelqu'un qui ne voit pas son corps, il trouve quelqu'un qui lui prête attention, il existe enfin.

Pour prendre un autre exemple, on pourrait dire que nous sommes tous dans la situation de Valmont dans *Les Liaisons dangereuses* : Valmont veut séduire une femme, la présidente de Tourvel. C'est une femme qui est très croyante, qui fait beaucoup la charité et qui ne se laissera pas facilement séduire. Il se sait espionné par elle – elle veut savoir qui est cet homme qui lui tourne autour –, il décide donc de se renseigner pour trouver des nécessiteux dans un petit village. Il organise une sorte de cérémonie pour mettre en scène l'aide qu'il apporte à ces nécessiteux, pour payer leur impôt, la taille, et les aider à sortir de la misère, en ayant auparavant pris grand soin de vérifier qu'il n'y avait aucune femme dans la maison qui puisse le faire suspecter d'être intéressé par autre chose que par cette bonne œuvre. Il donne l'argent, tout le monde pleure, on le remercie beaucoup et, à la fin, il dit : « Les gens vertueux n'ont pas besoin d'être récompensés, puisque faire la vertu, ça fait du bien. » Il prend un réel plaisir à faire cela. On pourrait se dire : nous sommes tous les mêmes, c'est la vérité de toutes nos actions. Nous n'agissons jamais que parce que nous allons trouver, dans l'action que nous faisons, une récompense qui va, ou bien nous donner du plaisir, ou bien satisfaire notre amour-propre, si bien que nous ne sommes pas désintéressés.

*R. E.* : Ou bien nous surprendre, peut-être, par la nature du plaisir que cette action nous donne. Valmont recherchait la Tourvel, voulait plaire à la Tourvel en faisant l'aumône autour de lui, et il est surpris lui-même par l'espèce de joie qui s'empare de lui.

*N. F.* : Oui. Ce que vous dites est d'autant plus juste que, l'instant d'après, il ajoute un peu d'argent pour permettre de payer quelque chose de plus à la famille, quelque chose qui n'était pas strictement nécessaire, et le plaisir qu'il en éprouve s'amoindrit. La surprise a disparu et, par conséquent, cela a déjà moins d'intérêt.

*R. E.* : Toujours sur Valmont : ce qui est intéressant, c'est qu'au départ il veut séduire la Tourvel pour pouvoir séduire la Merteuil. C'est quand même ça l'histoire : Valmont et Merteuil se font une sorte de cour par intermédiaires interposés. Si Valmont fait la cour à Mme de Tourvel, c'est d'abord parce qu'il veut plaire à la marquise de Merteuil. Mais, en même temps, il est pris au piège, il tombe effectivement amoureux, de sorte qu'il est beaucoup plus humain que Mme de Merteuil.

*N. F.* : Oui, il est plus humain. Sa situation est beaucoup plus facile aussi : il n'est pas une femme. Les conditions sociales expliquent beaucoup de son caractère.

*R. E.* : On a vu que les vertus se perdaient dans l'intérêt, comme les fleuves dans la mer. Vous avez cité La Rochefoucauld. Continuons : une fois qu'on a posé ce scepticisme sur les mobiles réels de l'action, comment s'en sort-on ?

*N. F.* : On s'en sort en approfondissant l'analyse. On s'en sort toujours en creusant. Il ne faut jamais passer à autre chose : il faut toujours continuer, comme Descartes, résolu. Ici, il faut se dire : « Pourquoi ça marche comme ça ? Pourquoi est-ce que nous avons intérêt à feindre le désintéressement ? » La réponse que donne La Rochefoucauld, et que développe Pascal, c'est de comprendre l'intérêt comme une satisfaction d'amour-propre. L'amour-propre, c'est un amour indirect que l'on a pour soi, au sens où il passe par le regard des autres. Pascal dit que nous n'avons d'intérêt et d'amour que pour nous, mais que nous nous voyons plein de défauts, ce que nous ne supportons pas. Mais nous n'avons pas le courage de les corriger, cela nous demanderait trop de peine. Par conséquent, plutôt que de les détruire – c'est-à-dire plutôt que de travailler à nous rendre meilleurs et désintéressés –, nous faisons en sorte de détruire la connaissance que nous en avons, c'est-à-dire de ne jamais y penser, mais aussi de détruire la connaissance que les autres en ont, c'est-à-dire d'apparaître autre qu'on n'est, ce qui nous aide aussi à ne pas penser à nos défauts. Ainsi l'amour-propre est un amour que l'on a pour soi-même, mais qui fait le détour par le regard des autres. C'est ce qu'on appelle au XVIIe siècle l'amour de sa gloire, ou bien l'honneur, des choses qu'on connaît aujourd'hui assez bien.

*R. E.* : Il n'y a là absolument aucun désintéressement, et il ne peut pas y en avoir...

*N. F.* : Il ne peut pas y en avoir, puisque nous ne pouvons pas agir autrement que conduits par notre amour-propre.

*R. E.* : On sort du cadre moral, juste un instant, Nicolas Franck. Je voudrais avoir votre sentiment là-dessus, puisque après tout c'est d'actualité, et que l'actualité n'est pas mal venue dans une dissertation...

*N. F.* : Du tout, si l'on s'appuie sur elle pour construire ou approfondir une analyse, qu'on ne se contente pas de la citer.

*R. E.* : Si on sort du prisme moral pour en revenir à une question de rentabilité, par exemple : on nous rebat les oreilles en ce moment avec la question de la « moralisation » du capitalisme. Grande question : le capitalisme est-il moral ? C'est la question du jour, c'est la question de l'année, probablement d'ailleurs la question de la décennie. Bien souvent, des chefs d'entreprise disent, la main sur le cœur, qu'ils agissent « moralement », au nom de la morale, en vertu de la morale. On pourrait là aussi faire la critique d'une telle position, d'une telle pétition de principe, d'une telle profession de foi, dans la mesure où le capitalisme ne se « moralise » que parce qu'il y trouve justement son intérêt. Et que, dans le climat qui est celui d'une crise, un patron a tout intérêt justement à se donner l'onction morale...

*N. F.* : Dès qu'on sort du cadre moral et qu'on se place d'un point de vue économique, ou politique par exemple, on se fiche du désintéressement. Le rôle d'un homme d'action est d'être efficace : on juge de ses actions en fonction des effets constatés, non des intentions. Attendre d'un chef d'entreprise ou d'un homme politique qu'ils soient désintéressés pour approuver leur action, c'est attendre ce qui ne peut exister. Cette attitude relève d'une forme de désir de servitude. On désire être trompé, puisqu'exiger la vertu là où elle n'a pas de raison d'être signifie qu'on n'aura que son apparence, c'est-à-dire un mensonge habile de l'homme d'action. Ce qu'il faut établir – là Tocqueville serait utile, mais Rousseau aussi, sur ce point, serait tout à fait d'accord – ce sont des institutions, républicaines pour Rousseau, démocratiques pour Tocqueville, une sorte de mécanique institutionnelle qui permette de n'avoir pas à attendre des hommes qu'ils soient vertueux, que leur intérêt coïncide avec l'intérêt public.

*R. E.* : En même temps, Nicolas Franck, pour rester un instant sur ce sujet, les grands hommes d'État sont ceux qui ont su, à un moment, sacrifier leur intérêt. Helmut Kohl a su sacrifier son intérêt au moment de la réunification en établissant la parité des marks...

*N. F.* : Ce n'était pas son intérêt...

*R. E.* : C'était l'intérêt de son camp en l'occurrence... Il y avait aussi un intérêt supérieur en tout cas. Quand le général de Gaulle est parti à Londres ou quand, exemple contemporain, François Mitterrand, contre l'avis de la majorité de la population, a aboli la peine de mort... L'abolition de la peine de mort relève malgré tout...

*N. F.* : ... on pourrait dire : le vrai désintéressement ici, ce serait l'annonce qu'il a faite, avant son élection, qu'il allait l'abolir. Parce qu'après les élections ce n'était pas difficile. Il avait cinq ans devant lui. Et, même là, La Rochefoucauld ou Pascal diraient que c'est un calcul habile : les gens ne voulaient pas l'abolition de la peine de mort, mais en même temps il y avait pour Mitterrand une forme de grandeur à paraître désintéressé : « Je vous prends à contre pied, donc je suis un homme d'État. »

*R. E.* : Alors comment – on en revient toujours à cette question – surmonter le généalogiste malin, La Rochefoucauld, Nietzsche, qui ira chercher, sous les actions les plus officiellement vertueuses, des mobiles qui, eux, ne le sont pas ?

*N. F.* : Eh bien, là encore il faut approfondir notre réflexion : peut-on mettre sur le même plan l'intérêt de notre amour-propre, celui que La Rochefoucauld appelle intérêt de gloire, et l'intérêt matériel ? Si l'on se demande en effet ce qui anime l'homme le plus intéressé que nous connaissons, celui avide de gain, de richesse, alors on découvre, paradoxalement, qu'il ne cherche pas son intérêt. Rousseau, dans une analyse très étonnante qu'on trouve dans les *Fragments politiques*, montre en effet qu'il n'est pas intéressé. Ceux qui cherchent à s'enrichir se donnent une peine tout à fait disproportionnée par rapport aux jouissances qu'ils en éprouvent. D'abord, parce qu'ils cherchent toujours à avoir davantage d'argent que celui dont ils ont besoin et que celui dont ils pourront jamais jouir, d'une part ; et, d'autre part, parce que ceux-là mêmes qui sont les plus riches ne savent pas jouir de leurs biens. Rousseau parle du « luxe de volupté », qui suppose que l'on soit capable de faire entre les choses des distinctions, qu'on ait un esprit subtil, qu'on ait un goût cultivé et délicat, etc. La majorité des riches ne savent pas faire cela. Ils se donnent donc une peine inutile, parce qu'avoir de l'argent c'est beaucoup de soucis, c'est s'exposer aux coups du sort, dépendre de ce qui ne dépend pas de nous. Il est plus intéressant de ne pas être riche, si bien qu'il faut chercher, dans leur action, un autre motif que l'intérêt.

*R. E.* : C'est ce que j'allais vous dire, Nicolas Franck : le fait qu'il ne soit pas dans mon intérêt de passer ma vie à faire le calcul de mon intérêt, en somme, de perdre ma vie à vouloir la gagner, le fait que ce ne soit pas là mon intérêt, ne prouve pas que la quête de cela relève, d'une façon ou d'une autre, du désintéressement. Au contraire même.

*N. F.* : Cela relève de l'amour des distinctions, dit Rousseau, qui n'est pas chose désintéressée, nous sommes d'accord. Mais Rousseau dit que ce n'est pas de l'intérêt pour autant. En effet, La Rochefoucauld ne cesse de répéter qu'il y a une différence entre l'intérêt matériel et l'intérêt de gloire, entre l'amour des biens et l'amour-propre. On voit bien cette différence à l'œuvre, si vous me permettez une analogie triviale, dans le fait que, quand on dresse une otarie on lui jette des harengs, et quand on élève un enfant on lui donne des bons points. Le bon point n'a aucun intérêt, c'est un vieux papier de buvard sale, et pourtant les enfants sont très heureux d'avoir des bons points, comme les otaries sont très heureuses d'avoir des harengs...

*R. E.* : Je vous laisse la paternité de cette comparaison...

*N. F.* : Il y a une analogie : les bons points sont une récompense symbolique. C'est-à-dire que ce n'est pas une récompense à proprement parler, c'est le signe d'une récompense. Et l'amour des distinctions, c'est donc un intérêt, un intérêt non lié à une chose réelle mais à une représentation. Le plus important, ce n'est pas d'avoir une récompense, mais de se dire qu'on en a une et de le dire aux autres, qu'ils le sachent. Cela veut donc dire que ce qui nous motive, c'est l'apparence que nous offrons aux autres, et l'amour-propre le signifie suffisamment : ce qui m'intéresse, c'est le regard que les autres portent sur moi. Une représentation, ce n'est pas la même chose qu'une chose : on se meut alors dans un monde symbolique, si bien qu'il va être, grâce à cela, possible de trouver ce que nous cherchons – un intérêt désintéressé – pourvu que nous changions l'objet de nos représentations.

*R. E.* : Donc c'est en passant par le biais de l'amour-propre qu'on en vient à un intérêt désintéressé...

*N. F.* : Oui, par quelque chose qui serait comme un amour-propre désintéressé, c'est-à-dire un amour-propre qui ne se fixerait pas sur des biens matériels, et un amour-propre qui ne se fixerait pas non plus sur de fausses valeurs, une fausse et vaine gloire comme, par exemple, on en trouve chez les héros de Corneille.

*R. E.* : Quand, au début du *Traité de la réforme de l'entendement*, Spinoza se dit : voilà, j'ai résolu de me demander à cet instant de ma vie s'il n'y avait pas plus intéressant, finalement, que le seul intérêt, le bonheur, la lubricité, la gloire ; s'il n'y avait pas un souverain bien, un bien véritable, c'est-à-dire un bien dont la nature est certaine et son obtention difficile. Alors que la richesse, l'honneur, la gloire sont des biens dont la nature de bien est incertaine, mais dont l'obtention est facile. Il dit qu'il vaut mieux chercher un souverain bien. Et pourtant Spinoza dit, dans le *Traité de la réforme de l'entendement* : « J'avais beau percevoir tout cela très clairement, je ne pouvais pas pour autant renoncer à l'honneur, à la lubricité et à la gloire. » Est-ce qu'on est là dans ce qu'on pourrait appeler une conduite finalement désintéressée ?

*N. F.* : La conduite désintéressée commence avec la prise de conscience que ces biens ne sont que des biens inutiles, incertains dans leur nature, incertains dans leur obtention, dit en effet Spinoza. Ce sont des biens que nous ne sommes jamais sûrs d'atteindre, dont le sort peut facilement nous priver et qui sont contradictoires, puisque nous sommes bien souvent beaucoup plus malheureux de leur perte que nous ne sommes heureux de leur possession : ils sont à la fois des biens et des maux. C'est la prise de conscience de cette contradiction qui nous permet de faire ce travail de changement de nos représentations.

*R. E.* : Alors, « malheureux de la perte et heureux de la possession », on renvoie ici à Sénèque, dans *Sur la vie heureuse*, qui parle de l'argent. Sénèque dit en substance : « J'ai de l'argent, mais contrairement à vous qui me reprochez d'en avoir, c'est vous qui aimez l'argent, moi, je m'en fiche. » Ce qui est plus facile à dire, d'ailleurs, quand on a de l'argent. Mais c'est un autre débat. On arrive au terme de cette émission, il faut bientôt conclure, élève Franck, allons-y !

*N. F.* : Oui, maître Enthoven. Je serai donc bref pour la troisième partie. D'une certaine façon, il y a une forme de double aporie dans notre dissertation. Nous avons montré dans la première partie qu'une conduite désintéressée, contrairement à ce qu'on croit naïvement, n'est pas possible. Cela nous a conduit à analyser ce qu'est une conduite intéressée, celle que le demi-habile voit partout, en concluant qu'elle n'est pas possible non plus, ce qui est plus inattendu encore. Il faudrait donc se poser la question de savoir, si la façon dont nous avons opéré cette recherche n'est pas mauvaise. Je veux dire : est-ce que nous n'avons pas le tort de chercher à savoir, là où il n'y a rien à savoir ? Est-ce que nous n'aurions pas tort d'une certaine façon de chercher, dans l'origine ou l'intention de la conduite, quelque chose qui permettrait de juger du désintéressement ?

On remarquera que nos deux parties se sont terminées avec le thème du regard : regard du spectateur susceptible d'être intéressé au désintéressement à la fin de la première partie ; regard indirect sur soi avec la question de l'amour-propre, à la fin de la deuxième. La solution ne serait-elle pas dans une sorte de conversion du regard qui mettrait l'amour-propre au service du respect ? L'idée est de se reconnaître dans le désintéressement. De même que le généreux, selon Descartes, est celui qui a compris que sa dignité consiste dans l'usage qu'il fait de sa volonté, de même il faut choisir de ne pas voir ce qu'il y a d'intéressé dans les actions humaines : s'interdire de penser que Monseigneur Myriel fait preuve d'affectation ou que Charlot agit ainsi parce qu'il est amoureux. Ce n'est pas une attitude naïve, mais au contraire la compréhension que l'attitude suspicieuse de celui que vous appeliez le généalogiste malin ne nous mène à rien.

On peut comprendre ainsi qu'il n'y a pas, à proprement parler, d'acte désintéressé, mais seulement des conduites désintéressées : un acte isolé ne signifie et ne prouve encore rien. Il faut, par la compréhension de notre dignité, s'être disposé à bien agir, en avoir acquis l'habitude. Il faut, comme Thalès ou Myriel, avoir compris ce qui est vraiment important. Cela suppose, ce que vous disiez il y a un instant avec Spinoza, le fait de réaliser que ce à quoi nous accordons spontanément du prix n'en a pas. Mais cela signifie aussi qu'il faut s'habituer à cette idée, se passionner pour ces nouveaux biens. La fin des *Noces de Figaro* de Mozart permet de le comprendre : pris la main dans le sac, le comte, personnage assez proche de Valmont, est obligé de demander pardon à la comtesse. Avant qu'elle ne l'accorde, il y a un silence parfait, puis sa voix s'élève, seule, sublime. Même si le comte demande pardon par calcul d'intérêt (pour se sortir de cette situation embarrassante), même si la comtesse pardonne pour des motifs intéressés (sauver la face du comte et à nouveau exister à ses yeux) la grandeur de la situation, rendue sensible par celle de la musique, dépasse tout calcul, emporte les personnages et les rappelle à eux-mêmes, au sentiment de leur dignité : l'opéra peut se terminer, le désintéressement l'a emporté. Comme les spectateurs, les personnages sont transportés, installés dans un nouveau monde, qui est l'ancien regardé autrement. La conduite désintéressée ne se constate pas, ne se conclut pas, elle se choisit. Il faut pour cela être généreux, c'est-à-dire juger généreusement des actions humaines : il y a plus de conduites désintéressées qu'on ne croit, reste à se rendre capable de les voir.

*R. E.* : On renvoie ici l'auditeur, et c'est l'ultime référence de cette dissertation, à l'article 153 des *Passions de l'âme*, « En quoi consiste la générosité ».

PLAN DU PROFESSEUR

## Une conduite désintéressée est-elle possible ?

### Introduction

Il semble aller de soi que nous n'agissons jamais sans mobile. Nous devons trouver un intérêt à accomplir une action. Dans quelle mesure cet intérêt peut-il être désintéressé ?

### I. Qu'est-ce que le désintéressement ?

Les caractéristiques d'une action désintéressée sont vérifiées dans l'acte moral.

*1. Analyses du désintéressement et mise en évidence de trois caractéristiques : inutilité, universalité, oubli de soi.*

*2. L'acte moral est l'acte désintéressé par excellence.*

*3. Le respect est un intérêt désintéressé : solution du problème du mobile de nos actions morales.*

*Transition* : Mais le respect n'est-il pas trompeur : respecte-t-on l'acte moral ou l'héroïsme de celui qui agit ? Plus généralement, ne peut-on soupçonner tout acte d'être intéressé ?

### II. Toute conduite n'est-elle pas intéressée ?

*1. Le caractère rassurant de l'explication par l'intérêt ; analyse de Tocqueville.*

*2. Nous n'agissons que pour notre intérêt ; analyse de La Rochefoucauld.*

*3. Pourquoi a-t-on intérêt à feindre le désintéressement ? Analyse de l'amour propre avec Pascal.*

*Transition* : approfondissement de l'analyse de l'amour-propre : une conduite strictement intéressée est impossible ; analyse de Rousseau.

**III. Les conditions d'une conduite désintéressée.**

*1. La prise de conscience de ce que sont les biens réels (voir texte de Spinoza).*

*2. La nécessité de s'habituer au désintéressement : analyse de la générosité cartésienne.*

*3. Il n'y a pas d'actes désintéressés ; seules les conduites sont désintéressées. Analyse de la scène du pardon des* Noces de Figaro *de Mozart.*

**Conclusion**

Il était impossible de répondre immédiatement à la question posée, car il fallait dépasser l'objection demi-habile du généalogiste malin. La conduite désintéressée suppose une habitude, résultat de la prise de conscience de ce que sont les vrais biens, qui nous conduit à mépriser toute explication des activités humaines par l'intérêt. Elle ne se connaît donc pas à proprement parler, mais est instituée par un choix. À ces conditions, elle est possible.

## QUELQUES RECOMMANDATIONS DE LECTURE

Les références proposées ici ne sont qu'indicatives. De même que la « copie » qui précède n'est qu'une manière possible de traiter le sujet proposé, de même il aurait été possible de faire cet exercice avec d'autres textes et d'autres auteurs. L'ordre de présentation correspond à celui du plan suivi.

- PLATON (vers 420-340 av. J.-C.), *Théétète*, 173a-b.

- KANT (1724-1804), *Fondements de la métaphysique des mœurs*, 1ère section et début de la 2e.
- TOCQUEVILLE (1805-1859), *De la démocratie en Amérique*, II, chap. VIII.
- LA ROCHEFOUCAULD (1613-1680), *Maximes* et plus particulièrement les maximes n° 1, 39, 83, 116, 144, 171, 173, 187, 246, 253.
- PASCAL (1623-1662), *Pensées*, éd. Brunschvicg, fragments n° 100, 147, 148, 151, 152, 455.
- ROUSSEAU (1712-1778), *Fragments politiques*, V, « De l'honneur et de la vertu », Œuvres complètes III, Bibliothèque de la Pléiade, Gallimard, 1964, p. 501-502.
- SPINOZA (1632-1677), *Traité de la réforme de l'entendement*, §§ 1-4.
- DESCARTES (1596-1650), *Les Passions de l'âme*, articles 153 & 154.

## QUELQUES FILMS À VOIR ÉVENTUELLEMENT...

Charlie Chaplin, *Les Lumières de la ville*, 1931. Deux scènes sont particulièrement remarquables pour notre sujet : celle de la première rencontre dont il a été rendu compte dans l'entretien ci-dessus ; celle dans laquelle Charlot aide la jeune aveugle à faire une pelote de laine, que celle-ci constitue par mégarde avec le fil du tricot de corps du vagabond : au lieu de protester, il accepte à nouveau d'être dépouillé, défait de lui-même par la jeune fille.

Douglas Sirk, *Le Secret magnifique*, 1954. Un play-boy jouisseur et cynique cause involontairement le malheur d'une jeune femme en étant à l'origine de la mort de son mari et en la rendant aveugle. Il tombe amoureux d'elle, embrasse l'idéal altruiste et secret de son mari et devient désintéressé. Elle seule est capable de le voir.

Il est intéressant de constater que dans ces deux films ce n'est que dans le cœur de deux aveugles qu'est perçu le désintéressement du généreux, comme si les apparences nous condamnaient toujours à conclure que les conduites humaines sont intéressées. Il faut s'être rendu aveugle à nos préjugés, à ce qui nous aveugle habituellement, pour voir le désintéressement.

## *L'art nous révèle-t-il quelque chose du réel ?*

par Nathalie Monnin

*Raphaël Enthoven* : Aujourd'hui, en compagnie de Nathalie Monnin qui enseigne en Terminale à Rennes, nous allons travailler sur l'art et nous poser ensemble la question redoutable de savoir si l'art nous révèle quelque chose du réel.

*Nathalie Monnin* : Je voudrais commencer par souligner le caractère étonnant de cette question qui met en rapport l'art et le réel. Car, si on regarde d'abord les œuvres d'art contemporaines, je pense aux tableaux de Pollock ou de Kandinsky, on ne voit pas *a priori* en quoi ces tableaux révèlent quelque chose du réel. *A priori*, il n'y a rien à voir entre ces tableaux et le réel.

*R. E.* : Voilà, et précisément, la première chose à faire, c'est de s'étonner du sujet qu'on a sous les yeux. De le trouver étonnant ou en tout cas de chercher ce qu'il peut avoir d'inattendu.

*N. M.* : Oui, ça permet de s'interroger, puisque la question indique un rapport auquel on n'aurait pas pensé entre l'art et le réel.

*R. E.* : Et, à partir de cette interrogation, comment peut-on construire une problématique sur l'art et le réel, essayer de concilier les deux et nous poser cette question ?

*N. M.* : Puisque le rapport qui nous est indiqué ici est celui de la révélation, on va essayer d'analyser ce que signifie « révéler ». Essayer de voir si ce rapport est justifié, s'il est légitime et si, effectivement, la confrontation de l'art avec le réel, par le biais de cette révélation, a un sens.

*R. E.* : S'il fallait faire tenir en une question la problématique d'un tel sujet, Nathalie Monnin, vous la formuleriez comment ? Mettons que vous êtes en Terminale : vous planchez, vous avez quatre heures et il faut trouver la question à laquelle il s'agit de répondre.

*N. M.* : Je me laisserais d'abord un bon quart d'heure pour analyser les termes du sujet. Et je ne formulerais surtout pas la problématique d'emblée. Je me demanderais ce que signifie « révéler ». Je me rappellerais d'abord la fonction que revêt le sens théologique de « révéler », qui est : faire apparaître à des gens, pour lesquels c'était inconnu, des vérités. C'est Dieu, l'action de Dieu qui fait apparaître aux hommes ce qui jusque-là leur était inconnu et qui ne pourrait peut-être pas être connu par le biais de la raison. Donc, c'est intéressant, parce que l'art serait justement ce qui court-circuiterait en quelque sorte la raison, et ce qui viendrait nous faire apparaître quelque chose que la raison ne pourrait pas voir.

*R. E.* : Vous voulez dire : une vérité du réel à laquelle la raison n'a pas accès.

*N. M.* : Ça va être précisément la question. On ne nous demande pas si l'art nous révèle le réel, ce qui tendrait à rapprocher, à écraser peut-être la notion de révélation sur celle d'imitation. Mais la question reste prudente en nous demandant s'il nous révèle « quelque chose » du réel. Ce qui redouble l'interrogation. Parce que, évidemment, si l'art nous révèle quelque chose du réel, alors quel est ce « quelque chose » ?

*R. E.* : Autre commentaire : dans une dissertation, face à un sujet, l'un des risques, pour un étudiant, c'est que le sujet ressemble à quelque chose qu'il a déjà traité. En l'occurrence, si, au cours de l'année, il a eu le sujet : « L'art nous révèle-t-il la réalité ? », ce n'est pas tout à fait la même chose que : « L'art nous révèle-t-il quelque chose du réel ? ». Dans l'analyse des termes du sujet, il faut marquer la spécificité du sujet, sa singularité. Un correcteur appréciera qu'un étudiant se heurte à la singularité du terme, et non qu'il lui donne le sentiment de rabattre le sujet sur un autre qu'il a déjà traité.

*N. M.* : Voilà, il ne faudrait pas confondre « L'art "révèle"-t-il le réel ? » avec « L'art "exprime"-t-il le réel ? », et encore moins avec « L'art "imite"-t-il le réel ? » Il faut faire attention aux verbes, qui indiquent une manière de se rapporter au monde, et puis à ce « quelque chose du réel » qui pose problème. Vous me demandiez la problématique, en réalité, il y en aurait plusieurs...

*R. E.* : Bien sûr, il y en a plusieurs, il ne faut pas espérer toutes les donner. Mais il faut au moins en donner une et travailler à partir d'elle pour y répondre à la fin. C'est quand même l'objet de la dissertation. Il ne s'agit pas de faire un chef-d'œuvre mais un travail rigoureux. Donc, allons-y...

*N. M.* : On pourrait s'interroger ici sur la fonction de l'art. Dans le mot « révélation » y-a-t-il l'idée de connaître quelque chose ? Et on pourrait se demander si ce n'est pas une fonction possible de l'art que de nous apprendre quelque chose du réel. Ce qui changerait la vision que l'on a de l'art et en ferait une fonction, quelque chose qui nous apporte une connaissance sur le réel et non pas un divertissement. On voit donc l'enjeu de la question : est-ce que l'art est un simple divertissement qui nous détournerait du réel ? ou bien, au contraire, est-ce qu'en nous apprenant quelque chose sur le réel, l'art nous y replonge, et peut-être, à travers ce quelque chose du réel, nous apprend quelque chose sur l'humain, ou sur ce qui est proprement l'humain dans la manière de se rapporter au réel ?

*R. E.* : Le « proprement humain » serait la valeur ajoutée, peut-être, à une ultime partie de la dissertation. En tout cas, l'angle, c'est la question de savoir si l'art nous révèle quelque chose de la réalité ou si, au contraire il nous invite à détourner le regard. Dans un sujet comme celui-ci, est-ce qu'un étudiant qui déciderait, par exemple, de consacrer sa première partie à l'hypothèse selon laquelle l'art, loin de révéler quoi que ce soit du réel, nous emmène au contraire ailleurs, est-ce qu'un étudiant qui commencerait ainsi serait hors sujet ?

*N. M.* : Je ne pense pas, parce qu'il partirait de l'étonnement justement que nous avons eu sur ce sujet. Il partirait du sens commun, qui a tendance à penser que l'art n'a rien à voir avec le réel et ne nous apprend rien sur le réel.

*R. E.* : L'un des réflexes pour trouver une première partie, c'est peut-être le syndrome du micro-trottoir. Que penserait l'homme de la rue d'un tel sujet ?

*N. M.* : Exactement, ce serait partir de ce que l'on sent d'une manière immédiate, sans avoir réfléchi. C'est en quelque sorte savoir ce qu'on préjuge du sujet. Après, on se mettra en quête d'un jugement qui sera plus analysé, plus réfléchi.

*R. E.* : En gros, la première partie d'une dissertation, c'est donner sa chance au préjugé le plus ordinaire…

*N. M.* : … pour l'analyser. On part du niveau le plus immédiat.

*R. E.* : Allons-y.

*N. M.* : On pourrait, dans un premier moment, opposer l'art et le réel en prenant des exemples dans l'art contemporain, par exemple Pollock. Vous voyez ses tableaux, ceux qui sont assez sombres, qui représentent des éclats, des fils entremêlés, des petits points jaunes, rouges, bleus sur un fond où domine un entrelacs de fils de peinture. C'est une matière assez épaisse et qui ne ressemble absolument à rien. Face à ce genre de tableaux, c'est plutôt l'étonnement qui arrive. On ne voit aucun rapport avec la réalité. C'est ce qu'on dit d'ailleurs, en général : « C'est n'importe quoi. »

*R. E.* : « C'est n'importe quoi. » Ou alors l'expression la plus ordinaire est : « Aucun rapport. »

*N. M.* : « Aucun rapport. » Cela signifie que nous attendons de l'art qu'il nous montre, finalement, le réel.

*R. E.* : L'un des préjugés qui est à l'œuvre quand on dit « aucun rapport », c'est d'imaginer que l'art révèle le réel quand il l'imite.

*N. M.* : On écrase à ce moment-là le verbe « révéler » sur le verbe « imiter ». On le montrera après. On va se réserver la possibilité de montrer que ce n'est pas la même chose. Ce qui nous permettra de confronter les deux concepts : révéler et imiter, en faisant ressortir la spécificité de la révélation par rapport à l'imitation. On peut prendre deux exemples qui sont vraiment antinomiques, d'un côté, l'art contemporain, abstrait, qui n'a rien à voir avec la réalité – et nous dégageons de cela l'idée que, finalement, quand nous regardons une toile, nous attendons de trouver quelque chose qui ressemble à quelque chose – et, de l'autre côté, un tableau de Corot ou de Courbet, une nature morte, un tableau devant lequel on se dise : « Alors là, on reconnaît quelque chose. »

*R. E.* : Prenons *L'Origine du monde*, par exemple. Vous parlez de Courbet…

*N. M.* : On y reconnaît quelque chose. On ne peut pas dire : « N'importe quoi. » Sauf que, évidemment, vous prenez un tableau spécifique. Je suppose que, quand on regarde ce tableau, on peut être choqué. Et la question qui surgit est : pourquoi ? Pourquoi a-t-il représenté une partie de cette femme, la partie la plus intime, avec les jambes entrouvertes ? Ici, vous voyez, l'art interroge. On est bien en rapport avec le réel, dans la mesure, cette fois-ci, où on « reconnaît » parfaitement, mais ça ne suffit pas, parce que l'interrogation est redoublée et le tableau choque : « À quoi ça sert de faire ça ? » Quand un tableau ne ressemble à rien, on dit : « C'est n'importe quoi, ça ne sert à rien. » Quand le tableau ressemble…

*R. E.* : On se dit : « Il redouble le réel. On n'a pas besoin de Courbet pour savoir à quoi ça ressemble. »

*N. M.* : Et voilà. Du coup, la question revient toujours à ceci : mais que fait l'art ? à quoi sert-il ? Et, finalement, qu'est-ce qu'il nous dit ?

*R. E.* : En même temps il faut se méfier d'un véritable hors-sujet, qui serait : « À quoi sert l'art ? » Ce n'est pas non plus la question qui est posée dans ce sujet, même si elle est implicitement contenue.

*N. M.* : Voilà, elle l'est implicitement, et l'aborder à un moment donné – à condition qu'on sache revenir au sujet – ne serait pas non plus inutile parce que, quand on s'interroge sur la fonction de l'art, on s'interroge aussi sur le fait de savoir s'il a une fonction ou pas.

*R. E.* : On est donc dans la première partie, où il y a Pollock et la question de l'art contemporain, puis vous avez cité Courbet. Mais il faut comprendre que cette première démarche, qui consiste à donner sa chance à l'hypothèse que l'art, en somme, nous éloigne du réel, soit en le redoublant, soit au contraire en nous parlant tout à fait d'autre chose, pour donner cette chance à cette hypothèse, on aurait pu se servir par exemple d'un procédé littéraire, romanesque. On aurait pu citer n'importe quel roman qui nous emmène dans un monde soi-disant imaginaire.

*N. M.* : C'est une difficulté de ce sujet, parce qu'il dit bien « l'art », il ne dit pas « les œuvres d'art ». Et dans l'art, on a tout type d'art. On pourrait préciser l'interrogation en se demandant : quel art et même quel courant de l'art, quelles œuvres et quels peintres en particulier ? Parce que là on est dans un concept, en tout cas dans un domaine unique, mais qui recouvre une grande diversité : de la littérature à la danse, au théâtre, à l'opéra, à la musique. On ne peut pas dire que la musique n'est pas de l'art. Mais si on remplace « art » par « musique » : « La musique nous révèle-t-elle quelque chose du réel ? » Vous voyez, ça devient un peu compliqué, parce qu'avec la musique on est beaucoup plus loin du réel. Mais ce serait intéressant d'aborder ce biais, cela nous permettrait de réfléchir sur ce « quelque chose du réel ». Parce que, jusque-là, quand on a parlé de l'œuvre d'art, on a assimilé le réel au monde extérieur, à la nature.

*R. E.* : Voire à la réalité quotidienne, dont il s'agirait de s'abstraire un instant, en allant dans une exposition ou en contemplant un tableau de Courbet.

*N. M.* : Oui. Et, avec la musique, on pourrait se demander si ce « quelque chose du réel » ne signifie pas aussi « quelque chose de l'homme », l'homme faisant partie du réel. Est-ce que la musique ne nous ramène pas, par les émotions qu'elle suscite, à quelque chose de proprement humain justement, et qui est bien réel ?

*R. E.* : Alors, selon vous, comment enchaîne-t-on première et deuxième partie ?

*N. M.* : On est parti du constat suivant : quand je regarde un tableau, qu'il ressemble ou qu'il ne ressemble pas à la réalité, il m'interroge ; il me fait me demander : « pourquoi ? ». Si j'envisage ensuite la musique, en m'interrogeant sur la polymorphie de cette forme d'art, je pourrais me dire : et la musique alors ? Comment me rapporte-t-elle au réel, et qu'est-ce que ça révèle ? Après cette interrogation, je déplace la question sur le « quelque chose du réel ». L'homme fait partie du réel ; or ce réel, qui le voit, qui s'y rapporte ? C'est lui, l'homme, c'est la subjectivité qui pose le réel. Il en a une certaine vision et pas une autre. Donc il faudrait se demander, ici, si l'art...

*R. E.* : ... dans un deuxième temps alors.

*N. M.* : Dans un deuxième temps, si l'art, ce quelque chose du réel qui serait révélé par l'art, ne concerne pas une réalité proprement humaine. Je m'interrogerais donc, dans une deuxième partie, sur ce quelque chose, cette réalité, qui est révélée par l'art.

*R. E.* : Cette réalité, dont vous dites qu'elle est proprement humaine, à laquelle vous accédez par le biais de la musique, mais on pourrait y accéder différemment. Là encore, par la littérature ou la peinture... Les charnières, à ce moment-là, sont différentes. Mais, puisque vous passez par la musique, comment posez-vous que ce quelque chose du réel que l'art nous révèle, relève d'une réalité que vous appelez « proprement humaine » ?

*N. M.* : Si j'en parle par le biais de la musique, je commencerais par réfléchir sur ce qu'elle provoque en nous. Si la musique n'avait absolument aucun rapport avec le réel, elle n'en aurait peut-être aucun avec nous-même, et nous ne nous sentirions pas émus par elle. Donc je réfléchirais sur cet émoi. Que ce soit une musique triste, une musique joyeuse, une musique qui nous entraîne, en tout cas elle bouge quelque chose, elle fait résonance.

*R. E.* : Étymologiquement, elle « émeut ».

*N. M.* : Oui. L'émoi, c'est ce quelque chose qui bouge à l'intérieur de nous. Comment la musique peut avoir ce pouvoir de nous émouvoir ?

*R. E.* : Quel exemple prendriez-vous spontanément ? Est-ce qu'il y a des exemples infâmes en philosophie ? Impossibles en Terminale ? Un élève qui, parlant de musique, au lieu de citer Mozart, citerait du hip-hop, serait-il lu de la même façon par son correcteur ?

*N. M.* : Je le lirais de la même façon. Parce que ce qui compte, c'est d'être ému, quelle que soit la musique. Je n'attends pas qu'un élève connaisse Mozart ou Schumann. Je prendrais l'exemple qu'il donne, parce que ce qui compte, ce n'est pas ce qu'il va dire de la musique, c'est ce qu'il va décrire de ce que suscite la musique en lui.

*R. E.* : Mais, en même temps, Nathalie Monnin, si quelqu'un cite du hip-hop au lieu de citer Mozart, par exemple, on pourrait imaginer que le discours de ceux qui chantent, en l'occurrence, le toucherait aussi pour des raisons politiques, pour des raisons idéologiques, pour des raisons d'indignation qui, en somme, sont différentes, sont en marge de ce qu'on pourrait appeler une émotion artistique désintéressée. Je vous propose d'entendre un essai de mise en musique de la philosophie par un professeur de Terminale qui s'appelle Thierry Aymès, notamment une chanson sur l'art. Écoutez.

*Le terme « art » est ambigu,*
*L'art des Beaux-Arts ou de la rue*
*Culinaire, décoratif*
*Étymolo-kif-kif !*
Technê *en grec,* Ars *en latin,*
*La technique comme point commun*
*Comment produire sans « savoir faire » ?*
*Pour sculpter faut tailler la pierre*
*La technique yes est nécessaire*
*L'artiste ne dira pas le contraire*
*Mais l'art c'est plus que ça :*
*Loin de l'artisanat*
*Seulement mercantile*
*L'art ignore l'utile*

*R. E.* : Il pose les bonnes questions dans ce texte-là : « L'art ignore l'utile »...

*N. M.* : Oui. Je dirais que cette musique qu'on vient d'entendre, c'est un discours conceptuel, tout comme on pourrait commencer nos cours de philo avec un fond musical. Je ne comparerais pas ça à ce qu'on appelle une chanson. Vous parliez tout à l'heure d'une chanson qu'on pourrait aimer parce qu'elle véhicule un discours politique. Je pensais à des symphonies de Chostakovitch qui détournaient, à la manière stalinienne, soviétique, la façon de faire de la musique, et, finalement, quand on entend la 8e symphonie de Chostakovitch et ses violons saccadés, on pourrait entendre des bruits de bottes. Il n'y a pas de paroles, et la musique peut simplement évoquer. Évidemment, on connaît l'histoire, il y a une connaissance intellectuelle qui sous-tend la manière dont on va sentir la musique. Mais, dans des chansons de Brel ou des chansons de paroliers, il y a une osmose entre ce qui est dit et la musique, la mélodie et toutes les harmonies en dessous, qui vont porter, et qui vont jouer, qui vont même accentuer les paroles. Voyez la différence avec le petit extrait que nous venons d'entendre. Parce qu'il y a de la poésie dans une chanson de Brel, il y a de la poésie dans la musique de Chostakovitch, et ce n'est pas la même chose. Il y a un art d'utiliser les mots qui est poétique et qui nous fait « voir » la chose, qui nous fait « sentir » la chose. Ce que ne fait pas le discours conceptuel. C'est pour ça que j'ai parlé tout à l'heure de « résonance ».

*R. E.* : On est en pleine deuxième partie. Pardonnez-moi de garder les pieds sur la dissertation, parce que c'est quand même ça qu'on doit résoudre ici. Vous examinez en ce moment la nature de l'émoi provoqué par la musique et donc cette réalité proprement humaine. Ce « quelque chose de réel », donc, que l'art serait censé nous révéler.

*N. M.* : Oui. Ça fait résonance. Si la musique bouge quelque chose en nous, nous émeut, c'est qu'elle résonne et suscite des sentiments, de joie, de tristesse, de mélancolie aussi. Pourquoi ? Quel est ce pouvoir de la musique ou de la chanson ? Pour le savoir, je vais confronter ce pouvoir à un discours qui serait uniquement conceptuel. Le discours conceptuel s'adresse à l'intelligence. Il est indirect. Nous en avons une compréhension médiate. Je reçois un discours – c'est ce que peuvent faire les auditeurs – et on a un petit temps de latence, d'attente, avant que le sens percute. Dans la musique, comme dans l'art probablement, il y a un rapport immédiat. Ce quelque chose du réel, c'est la totalité de l'humain. Ce qui m'est peut-être révélé par l'art, c'est que je suis une personne totale, entière – intelligence et sensibilité mêlées en même temps.

*R. E.* : En fait, vous remplacez l'intelligence par une forme d'instinct, ici...

*N. M.* : Non, parce que l'instinct me paraît non travaillé. Alors que je pense que le sentir... je ramènerais ça à un sentir.

*R. E.* : Une candeur, celle qui s'obtient, non pas celle dont on part…

*N. M.* : Celle qui s'obtient, sans qu'on la travaille, sans qu'on le veuille, celle qui s'obtient par la vie, par les rencontres qu'on fait, la culture qu'on acquiert, les histoires qu'on traverse, plus ou moins douloureuses. Et tout ce qui nous forme, tout ce qui fait que nous avons, au bout d'un certain moment, une certaine densité.

*R. E.* : On va lire quelques lignes de Bergson, si vous êtes d'accord, puisque nous sommes en plein dans le sujet. Page 115 de l'édition Quadrige aux Presses universitaires de France du Livre *Du Rire*, l'ancienne édition.

« Quel est objet de l'art ? Si la réalité venait frapper directement nos sens et notre conscience, si nous pouvions entrer en communication immédiate avec les choses et avec nous-mêmes, je crois bien que l'art serait inutile, ou plutôt que nous serions tous artistes, car notre âme vibrerait alors continuellement à l'unisson de la nature. »

On est là exactement au cœur du sujet.

*N. M.* : Oui. Ce passage que vous venez de lire met en œuvre, dans les grandes catégories de Bergson, la distinction qu'il fait entre l'intuition et l'intelligence, qui sont deux manières de se rapporter au monde. Une manière qui est celle de l'intelligence, qui passe par le biais du langage, qui est celle que nous apprenons, et qui est le quotidien. Vivre, dit-il, c'est agir. Pour agir, on doit découper le réel.

*R. E.* : « Vivre consiste à agir, c'est n'accepter des objets que l'impression utile pour y répondre par des réactions appropriées. Du coup je regarde et je crois voir, j'écoute et je crois entendre, je m'étudie et je crois lire dans le fond de mon cœur. Mais ce que je vois et ce que j'entends, c'est simplement ce qui affleure à la surface, ce qui prend part à l'action. »

*N. M.* : Voilà. On pourrait dire : ce que l'on a appris, et ce qu'on doit absolument apprendre pour vivre ensemble.

*R. E.* : Mais pas pour vivre véritablement, si j'ose dire.

*N. M.* : La deuxième manière de se rapporter au monde, c'est par l'intuition, qui est une façon de se mettre en symbiose, en osmose avec le réel. J'ai envie de dire, en quittant un peu l'esprit de Bergson, mais en réfléchissant à partir de lui : c'est peut-être de remonter en deçà de ce que nous a appris le langage. C'est-à-dire en deçà de la première manière de se rapporter au monde. On a appris à vivre dans l'utilité...

*R. E.* : Une émotion qui précède les mots, en somme. Qui les déterminerait.

*N. M.* : Je ne sais pas si c'est l'émotion qui précède. Je ne sais pas s'il s'agit de remonter à une émotion. Il s'agit en tout cas de produire une émotion en se replaçant par rapport au monde dans un rapport désintéressé. L'émotion, on va la produire, mais on va la produire en changeant sa manière d'être, en changeant son regard par rapport au monde. En ne voyant plus le monde justement par le biais de l'utilitaire, du pragmatique. C'est ce que l'art nous aide à voir, nous aide à retrouver, en regardant le monde de manière tout à fait désintéressée.

*R. E.* : Prenons l'exemple d'une pintade : au lieu de la manger, on en fait une nature morte.

*N. M.* : Oui. Vous prenez la pintade, je prendrais les pommes de Cézanne...

*R. E.* : À chacun son plat de prédilection... Allez-y.

*N. M.* : Regarder les pommes de Cézanne, ce n'est pas se dire : « Tiens, j'ai faim, je les mangerais bien. » C'est justement ne pas penser au goût de la pomme. C'est ne pas penser, dirait Kant, à l'existence ou à l'inexistence de la pomme. C'est-à-dire ne pas penser au caractère agréable ou désagréable que provoque une pomme sur le palais. Mais c'est apprécier la pomme de manière désintéressée, pour elle-même, pour le velouté que Cézanne sait peindre sur la peau des pommes.

*R. E.* : En même temps on pourrait vous objecter que Cézanne a une façon de jouer avec la perspective qui réhabilite la subjectivité d'un regard, et également le plaisir qu'on peut prendre à regarder quelque chose.

*N. M.* : Vous posez ici la question du caractère unique ou pas du réel. Évidemment, Cézanne, avec ses aplats – je pense à *La Montagne Sainte-Victoire* – va nous montrer une certaine manière de faire dégager de la chaleur et de la restituer. Un autre, par exemple Van Gogh... – lui, c'est un autre type de chaleur, je pense aux *Corbeaux sur les champs de blé* –, va avoir une manière différente de faire surgir une atmosphère. Du coup, peut-on parler d'une unicité du réel ?

*R. E.* : Il faut conclure, Nathalie Monnin, sinon je vous enlève votre copie...

*N. M.* : Bon, alors, je vais conclure... Ce « quelque chose du réel », c'est la manière dont un regard peut se déployer de manière gratuite. C'est-à-dire : ce réel qui nous est proposé, à travers l'art, c'est une manière de voir le réel de manière non utilitaire.

*R. E.* : Sartre parlait de la nature sans les hommes, dans *La Nausée*. Est-ce que vous êtes d'accord avec cette expression ?

*N. M.* : La nature sans les hommes, que serait-elle ? S'il n'y avait pas un regard pour donner du sens, ou au moins pour se demander le sens que cela a de regarder la nature, quelle serait la valeur de l'existence de la nature ? Ce qui fait le réel, ce qui forme le réel, c'est le regard qui se pose dessus. Et ce regard peut choisir sa modalité : intéressée ou désintéressée. C'est ce que nous apprennent les peintres. Chacun à leur manière, ils nous apprennent que la réalité est multiforme. On peut la voir de multiples façons. Ce qui nous amène à cette dimension métaphysique du sujet. Le réel, finalement, déborde le regard scientifique qu'on pourrait avoir sur le monde. Il faut déjà s'interroger : il faut que le réel pose le problème, ne soit pas évident, pour que l'art puisse nous parler.

*R. E.* : Merci Nathalie Monnin, on va s'arrêter là. Je rappelle que vous êtes l'auteur d'un *Sartre* aux Belles Lettres, dans la collection « Figures du Savoir », et d'un *Simone de Beauvoir* aux Éditions Pleins Feux, intitulé *On ne naît pas femme : on le devient* (c'est vous qui m'avez appris qu'on ne met pas de virgule, mais deux points, entre les deux morceaux de la phrase de Simone de Beauvoir).

# L'art nous révèle-t-il quelque chose du réel ?

**Introduction**

La question porte sur le rapport de l'art avec « quelque chose du réel ».

Problématique : L'art nous éloigne-t-il du réel, n'ayant rien à voir avec lui, ou bien en révèle-t-il quelque chose – en ce cas, en quoi consiste ce quelque chose ?

L'enjeu de la question concerne la fonction ou la vertu (la force, la capacité ou puissance) de l'art, mais aussi la conception commune que nous nous faisons de ce qu'est la réalité, et par quoi, ordinairement, nous pensons qu'elle nous est donnée.

**I. À première vue, on pourrait penser que l'art n'a rien à voir avec le réel, qu'il en est très éloigné et qu'il ne révèle donc rien du tout.**

**II. L'homme faisant partie du réel, ainsi que l'artiste, il faut pourtant bien que l'art en provienne, s'en inspire – et donc, qu'il « parle », qu'il révèle quelque chose du réel**. Pourquoi, par exemple, la musique, dont on peut penser qu'elle ne révèle rien du tout, peut quand même nous émouvoir ? Que révèle-t-elle : quelque chose de nous-même, c'est-à-dire de notre humanité.

**III. L'art nous révèle notre humanité,** cette part de nous-même qui est commune à tous, notre appartenance au monde selon des modalités diverses. Ainsi, à travers l'œuvre d'art, nous percevons à la fois une autre manière de nous rapporter au réel (celle de l'artiste), et le monde, tel qu'il apparaît à cet artiste et qu'il nous révèle dans son œuvre. Ce « quelque chose » du réel est la révélation que le réel déborde largement la perception quotidienne ou scientifique que nous en avons. L'artiste est le révélateur (Bergson), au sens photographique du terme, de la réalité : il fait apparaître des formes, des contours, des couleurs invisibles au quotidien.

## QUELQUES RECOMMANDATIONS DE LECTURE

- Aristote, *Poétique*, I, 4, Le Livre de Poche.
- Kant, *Critique de la faculté de juger*, § 9 et § 42.
- Hegel, *Introduction à l'esthétique – le beau*, Champs Flammarion, pp. 41 à 47.
- Bergson, *Le Rire*, Quadrige, PUF, pp. 115 à 121.
- Bergson, *La Pensée et le mouvant*, Quadrige, PUF, pp. 113 à 115, et surtout 149–150.
- Paul Klee, *Théorie de l'art moderne*, Folio Essais, Gallimard, pp. 16-17 (la parabole de l'arbre).
- Oscar Wilde, *Le Déclin du mensonge* (in *Intentions*, Stock).

## *Faut-il vouloir trouver un sens à toute chose ?*

par Charles Pépin

*Raphaël Enthoven :* Nous accueillons aujourd'hui Charles Pépin qui enseigne en Terminale au Lycée d'État de la Légion d'Honneur de Saint-Denis. Il est notamment l'auteur d'*Une semaine de philosophie*, où il aborde justement sept sujets de dissertation, et est maître d'œuvre du *Guide de survie au bac philo*. Il planche sur la question redoutable de « savoir s'il faut trouver un sens à toute chose ».

J'ai juste cet intitulé, une copie blanche devant moi et quatre heures pour m'en occuper. Comment procéder ?

*Charles Pépin* : Je dirais qu'avant d'appliquer la méthode rigoureuse d'analyse des termes, il faut laisser aller les premières idées et les coucher sur le papier. S'écouter, se faire confiance. Répondre directement, tout de suite, en dix secondes. Parce que ces idées-là, les plus spontanées, ne reviendront pas une fois que l'on aura soumis le sujet à l'analyse des termes, à l'analyse conceptuelle.

*R. E.* : Cet effort d'analyse des termes et d'analyse sémantique est nécessaire, mais c'est un deuxième temps. De même, il ne faut pas commencer par mobiliser les connaissances qu'on a sur le sujet.

*C. P.* : Exactement. Il faut commencer par oublier les auteurs et les contenus des cours. Ça viendra après, pour étoffer un plan que l'on aura trouvé suite à un questionnement personnel du sujet. Ne vous inquiétez pas, ça viendra le moment venu, et si ça ne vient pas, ce n'est pas si grave que ça. Ce qui compte, dans un premier temps, ce ne sont pas les références, mais c'est d'« entendre » le sujet. Avant même de le comprendre, il faut réussir à l'entendre. Dans ce cas précis, à la question « faut-il vouloir trouver un sens à toute chose ? », on a des réponses spontanées qui vont venir. Par exemple : oui, parce que c'est être intelligent ; non, parce qu'il y a des choses insensées. Il y a des choses qui n'ont pas de sens, qui sont absurdes. Auschwitz, par exemple, est-ce que ça a un sens ? Je note ce qui vient, sans me poser de questions.

*R. E.* : C'est très intéressant de commencer la dissertation sans se poser de questions, justement.

*C. P.* : Je pense que c'est un bon conseil à donner aux élèves.

*R. E.* : Savoir « ne pas » se poser des questions. Mais ça ne doit pas durer...

*C. P.* : Je dirais : trente, quarante secondes. Ensuite, on passe au moment plus méthodique. Là, deux aspects essentiels : l'analyse « sémantique » – on joue avec les mots, on se demande ce que veulent dire les mots – et l'analyse philosophique au sens propre, l'analyse « conceptuelle ».

*R. E.* : Cela permet de mettre en ordre les choses qui au premier abord nous semblent chaotiques.

*C. P.* : Oui, « mettre en ordre », ou juger, c'est-à-dire repérer un ordre dans le désordre, dans la diversité.

*R. E.* : En ce qui concerne l'analyse des termes, est-ce qu'il ne faut pas faire particulièrement attention au verbe « vouloir » ? C'est important de le faire remarquer aux élèves : les intitulés peuvent se ressembler sans être les mêmes. Un élève peut avoir traité dans l'année : « Faut-il “trouver” du sens à toute chose ? », par exemple. Ce n'est pas la même chose...

*C. P.* : Ou pire encore : « Toutes les choses ont-elles un sens ? » Et là, c'est le hors-sujet assuré. Car le sujet n'est pas du tout : « Toutes les choses ont-elles un sens ? », ce qui serait, au fond, un sujet métaphysique. Le sujet c'est : « Faut-il vouloir en trouver un à toutes les choses ? » Autrement dit...

*R. E.* : ... c'est un sujet anthropologique.

*C. P.* : Je dirais existentiel. On est sur un plan existentiel et non métaphysique. On n'est pas sur le plan de la vérité des choses et du monde, mais on se demande : que faire pour vivre ce qu'on appelle une vie bonne ? Pour vivre une vie digne de l'humain ? Faut-il, pour cela, vouloir trouver un sens à toute chose ? On comprend bien que ce que j'appelle la problématique, ce vers quoi l'introduction doit tendre, c'est une alternative, carrée, à deux branches, comme toute alternative d'ailleurs, entre deux réponses à la question.

C'est un point important : réussir à poser en introduction l'opposition de deux réponses à la question, c'est excellent. C'est ce que j'appelle une problématique, et ça suffit pour le bac. Là, on va essayer de la trouver ensemble. Et, pour la trouver, il faut analyser les termes.

Vous dites, à juste raison, que le terme « vouloir » est très important. Est-ce qu'il faut « vouloir » trouver un sens à toute chose ? Ou alors est-ce qu'il faut « ne pas » le vouloir ? C'est-à-dire, penser que ce n'est pas bien de trouver un sens à toute chose. Ou encore : est-ce qu'il faut peut-être le trouver sans vouloir le trouver ? C'est aussi ça le sujet. Autrement dit, « vouloir » trouver un sens à toute chose ne serait pas la meilleure façon de le trouver ! On sait bien que, souvent, dans la vie humaine, on trouve des choses quand on ne les cherche pas. Et que si on les cherche, on ne les trouve pas. Par exemple, si on vous dit : « Allez absolument au Musée d'Orsay, allez voir telle toile de Manet, elle est très belle », si vous y allez et que vous avez en tête tout ce qu'on vous a dit sur elle, vous risquez fort, en vous trouvant devant la toile, de ne pas trouver l'émotion esthétique. Alors que si vous marchez au hasard du musée et que vous êtes arrêté par la beauté d'une toile, vous allez être saisi.

*R. E.* : C'est une expérience proustienne d'ailleurs, au passage. Puisque la rencontre, par exemple, du narrateur dans *À la Recherche du temps perdu,* avec Bergotte, ou avec la Berma, tous ces personnages importants de la *Recherche,* est une rencontre qui est toujours, pour le narrateur, d'abord l'occasion d'une déception, qui vient justement parce que cette rencontre a été précédée de tous les éloges qu'il ne retrouve pas immédiatement chez les êtres qu'il croise.

*C. P.* : Exactement. « Vouloir » trouver n'est peut-être pas la meilleure façon de trouver. Par ailleurs, un des enseignements de la psychanalyse – et la psychanalyse est une des façons de rentrer dans le sujet –, c'est de nous dire qu'il faut chercher le sens de la maladie, pour essayer de la guérir, alors que les médecins, non psychanalystes, plus matérialistes, cherchent non pas le sens, mais les causes. Là, on tient une distinction conceptuelle importante : trouver un sens, ce n'est pas trouver la cause. Et on retrouve une autre distinction conceptuelle de Terminale : « expliquer », c'est trouver les causes, tandis qu'« interpréter », c'est chercher le sens.

*R. E.* : Une autre image serait la différence que fait Spinoza entre l'ouvrier et l'architecte. Pour la construction d'une maison, le maçon est indispensable, car sans lui il n'y a pas de murs. En revanche, l'architecte, étant l'auteur du plan, serait plutôt dans la position de celui qui donne un sens.

*C. P.* : Voilà, qui donne un sens, qui donne une direction. Et puis, bien sûr, quand on dit qu'il donne un sens, qu'il interprète, ça veut dire qu'il y a plusieurs façons d'interpréter, par définition. Et c'est un paradoxe du sujet : « un sens » n'est pas « une cause », mais « un » sens ce n'est pas non plus « plusieurs » sens. Et là, le sujet commence à être intéressant.

Commençons par analyser ce « un sens ». Il faut d'abord l'opposer à son contraire, « pas de sens ». Et il faut aussi le distinguer de « plusieurs sens ». On voit les difficultés que l'on va rencontrer pour répondre de manière affirmative à la question que pose le sujet. Car cela conduit à deux choses : d'abord, au refus de penser que les choses sont insensées ou absurdes ; ensuite, à la réduction de ces choses à un seul sens, alors qu'elles en ont peut-être plusieurs.

Je vous donne un exemple. Un homme demande à une femme de l'épouser. Son visage est traversé par un rictus, une sorte de grimace, d'expression bizarre. Voilà une chose humaine. Est-ce que cela a « un sens » ? Probablement pas, mais « plusieurs » sens, oui. Il est à la fois amoureux, inquiet, angoissé, il a peur de sa réaction, il se livre...

*R. E.* : Peut-être même qu'il ne veut pas l'épouser...

*C. P.* : C'est bien sûr ce que je suggérais comme appartenant au champ des possibles... Mais, par opposition à ça, est-ce qu'une chose non humaine a un sens ? Par exemple, une pierre qui tombe, est-ce que cela a un sens ? Peut-être pas. On peut parler de « cause », pas de « sens ». On voit que le sujet commence à s'éclairer : il faut donc distinguer « un sens », de « pas de sens » et de « plusieurs sens ». Un conseil : au brouillon, on peut entourer le terme du sujet et envoyer des flèches dans deux ou trois directions, pour que ce soit bien clair, on « éclate » le terme en plusieurs acceptions. En l'occurrence, sous le terme « choses », il faut distinguer au moins les choses humaines et les choses de la nature. Les choses humaines : les désirs, les choix, les passions, les paroles, les décisions, la politique, la foi, etc. Et puis les choses non humaines : le verre d'eau, les lunettes, les pierres, les lois de la nature.

*R. E.* : Oui, l'identification d'une intention est évidemment plus simple à faire en matière humaine. Alors qu'en matière de nature on peut se demander « pourquoi ? », à l'infini, sans jamais trouver de réponse.

*C. P.* : Tout à fait. Une fois que l'on a trouvé une bonne distinction, on peut reposer le sujet dans son ensemble. Là, on vient de distinguer les choses humaines – que l'on peut interpréter, c'est-à-dire leur trouver un sens, une intention – des choses naturelles, dont la science moderne nous dit : il faut arrêter de chercher le sens, il ne faut chercher que les causes.

*R. E.* : On sent en filigrane une hypothèse : si on trouve un sens aux choses qui ne sont pas humaines, c'est peut-être par exportation ou extension du registre humain de l'intention aux choses naturelles qui, elles, n'en ont pas forcément une.

*C. P.* : Exactement. On est là dans le vif du sujet, et on doit l'être dès l'introduction : c'est ce que le correcteur lit essentiellement. S'il est séduit, ça ira, sinon les ennuis commencent...

*R. E.* : On ne dira jamais assez l'importance de l'introduction.

*C. P.* : Oui. Je pense qu'il faut au moins une heure pour arriver à écrire correctement une intro. Ce que vous dites est très intéressant. Il y a une tendance des penseurs, des philosophes, de certains sociologues, à exporter l'attitude de la science exacte dans le domaine des choses humaines. Par exemple, Durkheim, le sociologue, disait : il faut prendre les faits sociaux comme des choses. Ça veut dire qu'il va analyser la société, l'église, l'école...

*R. E.* : ... comme un médecin pourrait analyser un corps...

*C. P.* : ... ou même comme un physicien pourrait analyser la chute d'une pierre. Dans ce cas, on va pouvoir répondre « non » au sujet : il ne faut jamais chercher le sens, il faut toujours chercher les causes. Si on s'arrête à cette distinction, on va répondre « non » et dire : il faut chercher le sens des choses humaines, mais pas des choses naturelles. C'est d'ailleurs le message de la science moderne. Rappelons-nous que la science moderne s'est arrachée à la science aristotélicienne qui ne visait pas à expliquer les choses de la nature par les causes, mais par le sens. Aristote disait : la nature ne fait rien en vain. Si je veux comprendre comment la plante pousse, il faut que je comprenne pourquoi elle pousse, que je cherche le sens de la plante sur terre.

*R. E.* : C'est une distinction d'ailleurs qu'on n'a pas évoquée, mais qui, peut-être, résume bien la différence entre le sens et la cause. C'est la différence entre le pourquoi et le comment.

*C. P.* : C'est exactement de ça qu'on parle. Chercher le comment, c'est mettre en évidence les causes, et chercher le pourquoi, c'est poser la question du sens. Ce n'est pas la même chose.

Par exemple, que fait Hegel dans sa philosophie ? Il la pense, il l'ambitionne comme science exacte. Il veut nous montrer que l'Histoire a du sens, certes, mais que son sens est sa cause. Lorsque Hegel nous parle du sens de l'Histoire, il n'en propose pas une interprétation mais il l'explique. Dans *La Raison dans l'histoire,* et d'ailleurs dans tous ses livres, Hegel propose de démontrer la vérité du monde, c'est-à-dire de l'expliquer. On pourrait dire la même chose de Spinoza. Dans l'*Éthique,* il a une ambition scientifique, géométrique.

À partir de là, on va avoir une réponse intéressante qui consistera à refuser la distinction entre choses humaines et choses naturelles, et à dire : il faut tout « expliquer » et non pas « interpréter ».

*R. E.* : S'il y a un texte pour expliquer ça, c'est effectivement le passage du début de la troisième partie de l'*Éthique,* dans lequel Spinoza se propose d'expliquer les passions humaines comme s'il était question de lignes, de plans et de solides, de fabriquer une géométrie des passions humaines.

*C. P.* : Tout à fait. Ici, la bonne méthode serait de s'arrêter sur cette difficulté, d'en prendre la mesure, et ne pas vouloir à tout prix la simplifier.

*R. E.* : Aucun correcteur n'en voudra à un candidat d'assumer la difficulté du sujet. En revanche, il se peut très bien qu'on trouve qu'un candidat passe trop rapidement, justement, sur cette difficulté, qu'il l'élude, au motif qu'elle l'embarrasse. Dans une dissertation de philosophie, il s'agit aussi de « manifester » la complexité de quelque chose, de ne pas la fuir…

*C. P.* : Exactement. Pour revenir à Hegel, quand il nous démontre que l'Histoire va dans une direction, dans un sens, mais que ce sens s'explique par une causalité unique, que nous dit-il ? Est-ce qu'il nous dit qu'il « faut trouver » le sens du monde, de l'Histoire ? ou, au contraire, ne nous dit-il pas qu'en fait il l'a « déjà trouvé », et qu'il est donc inutile de le « chercher » ? Or, ce que je voudrais faire comprendre aux élèves, c'est que le verbe « trouver » a deux sens très différents. Soit on considère que le fait de « trouver » est le fruit de notre recherche personnelle de philosophe, de penseur ou d'élève, et donc que c'est à soi de trouver le sens des choses, soit on pense que ce n'est pas à nous de le trouver, car il nous est donné, par la religion par exemple. De ce point de vue, la religion « révèle » le sens du monde et de la vie humaine et nous n'avons pas à le chercher, à l'inverse de Socrate qui, lui, cherche tout seul le sens des choses, par son questionnement.

*R. E.* : En somme, dans un cas, c'est nous qui le trouvons, dans l'autre, c'est le sens qui nous trouve.

*C. P.* : Voilà. Mais, dans les deux cas, on peut répondre : « Oui, il faut vouloir le trouver », dans les deux sens du verbe trouver. Et c'est là qu'il faut se demander pourquoi on répondrait « oui ». Peut-être parce que si l'on répond oui, on aura une vie plus apaisée – et c'est cela qu'il convient de problématiser –, une vie plus humaine, moins angoissée.

On arrive ici à l'esquisse d'une problématique : Que peut-on opposer à cette idée qu'il faudrait vouloir trouver le sens des choses, pour être heureux, apaisé ? Peut-être l'idée que c'est tout simplement dangereux. Car si on veut trouver le sens des choses et qu'on ne le trouve pas, on peut être déprimé ou désespéré. Dangereux parce que, si on veut trouver « un » sens à toutes les choses et qu'elles en ont « plusieurs », alors on risque de passer à côté de leur vérité, de leur épaisseur, de leur ambiguïté...

*R. E.* : En somme, on va enfermer les choses dans une univocité, dans un sens unique. C'est-à-dire qu'il y a plus dangereux encore que de ne pas trouver un sens, c'est de l'imposer.

*C. P.* : Voilà. Le danger, lorsqu'on pense avoir trouvé le sens des choses, c'est de devenir tyrannique, intégriste, dogmatique, violent... car quand on est vraiment sûr d'avoir trouvé le sens des choses, comment supporter que l'autre ne l'accepte pas ? Là, ça commence à se clarifier.

D'un côté, on a la tentation d'une réponse positive : oui, il faut vouloir trouver un sens à toutes les choses, qu'on le cherche nous-mêmes – comme Socrate – ou, au contraire, que ce sens nous soit imposé – comme chez Hegel ou dans la religion. De l'autre côté, on a la réponse négative : non, car vouloir trouver un sens à toute chose est dangereux. Et on vient de cerner trois types de dangers : le premier, c'est que le fait de ne pas trouver de sens nous rende malheureux ; le deuxième, c'est de réduire la beauté du monde humain, la richesse et la complexité à un seul sens (souvenez-vous de la grimace du mari qui demande sa femme en mariage), et, troisième danger, ce que vous disiez : si on est sûr de l'avoir trouvé, alors on peut vouloir l'imposer. Au risque de la violence, de l'intégrisme ou du fanatisme.

*R. E.* : Trois dangers : malheur, univocité, dogmatisme.

*C. P.* : Exactement. Et là on peut enfin poser la problématique, très simplement, sous la forme d'une alternative. Voilà comment je l'énoncerais : « Faut-il vouloir trouver un sens à toutes les choses, humaines comme non humaines, pour accéder à une vie heureuse, apaisée, ou simplement digne de l'humain... ou, au contraire, renoncer à cette ambition en raison du danger qu'elle comporte ? »

*R. E.* : Voilà : « Faut-il vouloir trouver un sens à toute chose, qu'elle soit humaine ou non, en vue d'une vie heureuse, ou bien renoncer à trouver un sens au motif des dangers qu'une telle entreprise comporte ? » –, c'est « la » question, c'est « le » fil directeur, c'est ce qu'on doit garder en tête, en permanence, dans la dissertation, jusqu'au moment de la conclusion, c'est-à-dire au moment où on répond.

*C. P.* : Oui, car une fois qu'on aura posé toutes les questions, il faudra répondre. À la fin de la dissertation, il faut s'engager, on ne fait pas que questionner.

À partir de là, il va y avoir plusieurs types de plans possibles. Il y a un plan que je recommande aux élèves, parce que ça les oblige à bien réfléchir. C'est de partir de l'alternative de la problématique, A contre B, et d'examiner d'abord la piste A, ensuite de critiquer la piste A et après de s'engager sur la piste B. Ce n'est donc pas un plan : thèse, antithèse, synthèse. C'est un plan : thèse, critique de la thèse, donc antithèse ; ou alors : antithèse, critique de l'antithèse, donc thèse. C'est un plan que je conseille aux élèves qui sont un peu perdus dans leur recherche de plan, parce que ça marche à tous les coups, ça oblige à avoir une vraie partie d'articulation, dans un deuxième temps, et donc à ne pas être descriptif, à penser vraiment.

Encore un conseil : il faut se demander ce que l'on a envie de défendre, et l'exprimer à la fin. Je commence donc par l'opposé de ce que j'ai envie de défendre pour ainsi rebondir en critiquant ce que je n'aime pas et arriver à la thèse que je souhaite soutenir. En l'occurrence, ce que j'ai envie de défendre, c'est le fait que dans les choses humaines on n'arrive pas à accéder à la réponse aux questions « Pourquoi ? », ou « quel est leur sens ? ». C'est trop compliqué, trop équivoque. Je peux donc commencer en essayant de dire que l'on « pourrait être tenté de » répondre oui.

*R. E.* : Vous allez commencer par là, puisque vous allez finir par dire le contraire...

*C. P.* : Exactement. Donc je suis un peu stratège : je ménage mes effets, et je garde le meilleur pour la fin : ce que j'ai envie de défendre, quand je n'aurai plus beaucoup de temps. Il faut que je sois fidèle à moi-même, il faut que j'y aille franchement, il faut que tout mon devoir mène à ma conviction.

*R. E.* : Sachant que le correcteur ne nous juge pas sur le fond de ce qu'on dit mais sur la cohérence avec laquelle on l'expose.

*C. P.* : Voilà, sauf que la cohérence sera renforcée si on finit par ce qu'on a envie de dire. On peut donc commencer par répondre : « oui, il faut vouloir trouver un sens à toutes les choses », parce que l'animal humain ne se contente pas de vivre, il cherche le sens de ce qu'il vit. Oui, parce que c'est un mode d'existence, une présence au monde qui est humaine et non animale.

On explique que l'animal humain est marqué par une forme d'insatisfaction par rapport à ce qu'il vit. Il ne se contente pas de le vivre, il veut plus. Et ce plus, c'est le sens. On peut donc dire que la philosophie, justement, c'est de vouloir trouver le sens des choses. Ce sens qui peut être caché par les apparences, par les illusions, par les préjugés, par les opinions. On peut même commencer, assez classiquement, par Socrate, en disant que c'est précisément ce qu'il fait : chercher le sens des choses et aider les autres à le chercher, en leur posant des questions. La maïeutique socratique est un exemple appuyant une réponse positive à la question. Et la bêtise consiste à ne pas chercher le sens des choses, à ne pas se poser des questions.

*R. E.* : C'est s'en tenir à la surface.

*C. P.* : Voilà. S'en tenir à ce qu'on vit, sans le questionner. De ce point de vue là, il est difficile de refuser une réponse positive. Chercher le sens, c'est être humain. On peut donc prendre la philosophie comme exemple, mais aussi la psychanalyse et la religion.

*R. E.* : Juste une petite chose. Vous avez dit : « chercher le sens ». Peut-être faut-il se méfier d'une confusion éventuelle entre « chercher un sens » et « vouloir le trouver ». Car, après tout, vouloir le trouver, c'est aussi peut-être à un moment, si on ne le trouve pas, l'imposer. Tandis que si on le cherche honnêtement et qu'on ne le trouve pas, on ne cherchera pas à l'imposer. Donc, il faut peut-être ici distinguer les deux termes ?

*C. P.* : Pour s'en sortir, on peut dire que « vouloir trouver », ça signifie en fait... « chercher » ! Dans cette perspective, on commence par faire l'éloge du philosophe qui cherche la vérité tout en étant conscient qu'il ne la trouvera peut-être pas. Comme Socrate, donc. Par ailleurs, au XXe siècle, la psychanalyse prolonge cette démarche en posant que, pour guérir la maladie du sujet, il faut s'interroger sur le sens de ses symptômes, et non pas simplement, comme le font les médecins matérialistes, en chercher les causes.

*R. E.* : Socrate surmonte les phénomènes, la psychanalyse surmonte les symptômes.

*C. P.* : C'est ça. Et les médecins, du moins certains médecins qui sont seulement en quête des causes, échouent à guérir des maladies psychiques que la psychanalyse, en quête du sens des choses, parvient à guérir. Pour ce qui est de la religion, on l'a évoqué tout à l'heure, elle nous donne le sens des choses, elle nous le « révèle ». Là, c'est un autre sens du mot « trouver ». Mais c'est quand même une réponse positive.

On peut même développer un peu en disant qu'avoir ainsi trouvé le sens du monde peut permettre de bien se comporter par rapport à autrui, dans une perspective chrétienne. Dans cette optique, l'expression « il faut » a un sens moral : oui, il faut vouloir trouver un sens à toute chose parce que, dans une logique chrétienne, lorsqu'on l'a trouvé on se comporte mieux avec autrui, et on peut penser que la foi mène à un comportement moral. Dans le cas de cette première partie, on va essayer de donner plusieurs sens à l'injonction « il faut ». « Il faut » vouloir trouver un sens aux choses, parce que c'est ce qui nous rend pleinement humains, ce qui nous permet de développer nos facultés – l'intelligence, mais aussi le langage, qui est ce par quoi l'homme donne le sens au monde. Mais « il faut » a aussi un sens moral, parce que, dès lors que l'on a trouvé le sens des choses que la religion nous révèle, on respecte autrui comme une fin et non comme un moyen, et on se comporte mieux. Donc, le point commun de cette réponse positive, c'est en fait l'éloge de l'interprétation car, dans tous les cas, donner du sens c'est « interpréter ». Ce n'est pas vraiment « expliquer ».

C'est alors qu'on peut, en guise de transition, dire ce qu'on a évoqué tout à l'heure : qu'il y a des philosophes, comme Hegel ou Spinoza, qui eux veulent précisément « démontrer » le sens de ce qui est. On peut donc poser la question : est-ce que, avec ces philosophes-là, on a encore une réponse positive ? On pourrait être tenté de dire oui, parce que ça nous apporte une vie heureuse, une vie apaisée. Pensez à Spinoza. Qu'est-ce que la béatitude du sage spinoziste, ce qu'il s'appelle la connaissance du troisième genre ? C'est le bonheur ultime de celui qui « comprend » le sens et les causes des choses.

*R. E.* : Il y aurait beaucoup à dire là-dessus. Mais il me semblait pourtant que Spinoza était de ces philosophes qui, justement, déconstruisaient la possibilité d'un sens, en tout cas qui séparaient rigoureusement le fait que d'un côté les humains cherchent un sens, puisque après tout, c'est la mesure de leur finitude, mais que, de l'autre côté, la nature en elle-même n'a pas de sens puisque, comme il le dit : la réalité et la perfection, c'est-à-dire l'achèvement, sont une seule et même chose. Et qu'en somme, finalement, l'ambition de trouver un sens n'est que l'expression, chez nous, du manque dont nous faisons l'expérience et qui, en aucun cas, ne concerne la nature, ou alors qui ne concerne la nature que parce qu'on la prend pour nous-mêmes. Pour Hegel c'est un peu différent : il y a plus de finalisme dans le discours hégélien que dans le discours spinoziste...

*C. P.* : Je propose, pour simplifier, de bien entendre ce que vous venez de dire, et justement d'utiliser Spinoza comme transition pour aller vers la deuxième partie, où l'on va répondre « non », et où l'on va clairement distinguer les choses de la nature dont on doit chercher les causes, des choses humaines qu'on va chercher à interpréter en recherchant le sens. Comment fait-on une transition ? On essaye de radicaliser la thèse de la première partie pour en montrer la contradiction interne, et indiquer qu'on doit avancer.

*R. E.* : Montrer les limites de la thèse soutenue dans la première partie.

*C. P.* : Oui. On ne fait surtout pas de transition descriptive, on ne dit pas : « Maintenant on va voir ça. » Il faut faire une transition nécessaire, montrer au correcteur qu'on ne peut pas ne pas avancer.

*R. E.* : De façon générale, il ne faut pas commenter sa propre démarche : « Nous allons, en introduction. En conclusion, nous allons dire que… » Tout ça est parfaitement inutile. Une bonne topographie suffit tout à fait au correcteur à comprendre le lieu où il se trouve.

*C. P.* : Voilà. Il ne faut pas commenter du point de vue formel. En revanche, il faut revenir sur ce qu'on a dit pour en montrer la contradiction interne. En l'occurrence, on a défendu les réponses positives en faisant l'éloge de l'interprétation : l'interprétation du psychanalyste, qui va guérir le patient, ou même du patient lui-même, l'interprétation des prêtres, qui interprètent la parole de Dieu pour aider les hommes…

*R. E.* : … ceux qui, face à un deuil, disent : « C'est la volonté divine, par conséquent consolez-vous… », et ainsi de suite.

*C. P.* : Exactement. Et, à présent, on peut se demander : si le sens nous est délivré par la religion ou démontré par la philosophie, que nous reste-t-il à interpréter ? On va donc distinguer d'un côté ce qui nous reste à « interpréter » : les choses humaines, les désirs, les passions, les choix et, de l'autre, ce qu'il faut vraiment « expliquer », comme la science moderne nous le demande : les choses de la nature.

*R. E.* : En somme, vous préservez ici le fait que la quête d'un sens, chez Socrate ou chez le psychanalyste, se double aussi de l'idée du secret : finalement, on ne trouvera pas vraiment complètement...

*C. P.* : Bien sûr. Je ménage la troisième partie.

*R. E.* : Voilà. Vous vous servez, non pas de l'ambition socratique ou psychanalytique, mais de la « modestie » socratique ou psychanalytique.

*C. P.* : C'est ça. C'est presque de la dramaturgie : on va garder cette idée pour plus tard, mais on la laisse se deviner. Là, pour répondre « non » en deuxième partie, on va critiquer le « oui » de la première partie. Et on va expliquer comment la science moderne est née de cet arrachement au finalisme d'Aristote. Autrement dit, non seulement la science moderne est apparue comme telle en refusant la question du sens, et c'est d'ailleurs comme ça qu'elle a progressé et qu'elle a permis d'expliquer le monde, mais, en plus, on peut dire qu'à l'inverse le frein principal à la science moderne a été la religion, ou plutôt la superstition, qui voulait imposer un certain sens du monde incompatible avec les découvertes scientifiques. La superstition consiste à voir partout un sens dans une nature qui n'est que causale et explicable. Lorsque Giordano Bruno a été le premier à dire que l'univers était infini, et qu'il a été brûlé vif sur la place publique en 1600...

*R. E.* : Rappelons, pour mémoire, que Giordano Bruno, effectivement, peut-être spinoziste avant Spinoza, décrivait l'infinité de l'univers et l'unicité de l'univers, le fait qu'il n'y avait pas de monde au-delà du monde – si le monde est infini, il est sans au-delà –, et que ces propositions lui ont valu d'être brûlé sur la place publique, avec un luxe d'ailleurs, un raffinement de torture, puisque, avant de le brûler on lui a mis du plomb dans la bouche, pour que le plomb fonde en même temps que lui, de façon qu'il soit brûlé de l'intérieur comme de l'extérieur.

*C. P.* : Je ne connaissais pas ce détail atroce...

*R. E.* : ... mais qui ne manque pas de sens.

*C. P.* : Mais justement, ça renforce l'exemple. Pourquoi ce supplice ? Eh bien, parce que sa découverte scientifique, sa mise en évidence scientifique des causes qui régissent les choses naturelles, était incompatible avec le sens que la religion donnait à notre monde – la religion, ou peut-être même la superstition. Et précisément, en répondant « non », on radicalise la réponse en disant que la question du sens a été un frein au progrès scientifique et a empêché le progrès de la mise en évidence des causes.

On peut poser ensuite un certain rapport au monde, aux choses de la nature qui soit scientifique, explicatif et qui est celui de la science moderne. Et c'est alors qu'on revient à la question de Hegel, de Spinoza ou de Durkheim, qui veulent penser les choses humaines comme des choses de la nature. Et là, on le dénonce. On dira qu'il y a là un excès, un abus, et que c'est quelque chose qu'on refuse.

*R. E.* : Et que cet abus qualifie, d'ailleurs, ce qu'on appellera le « scientisme », c'est-à-dire l'ambition d'une réponse exhaustive à tous les phénomènes, humains comme naturels.

*C. P.* : Une réponse, précisons bien, en termes d'explication causale, et pas d'interprétation ambiguë. Pour bien assumer la deuxième partie qui repose sur la distinction des choses humaines et des choses naturelles, on peut utiliser Max Weber, qui s'oppose à la sociologie de Durkheim en disant : « Non, si on veut comprendre les faits sociaux ou les faits humains, il ne faut pas les prendre comme des choses, il faut s'interroger sur le sens et les intentions humaines. » C'est ce qu'il appelle la sociologie compréhensive : essayer de comprendre les agissements humains par la référence au sens que les hommes donnent à leurs actes.

*R. E.* : C'est-à-dire renoncer, en somme, à une science de l'Histoire comme une science exacte, mais davantage être dans l'ordre de la compréhension, presque de l'intuition d'ailleurs.

*C. P.* : Voilà. Renoncer au scientisme, à cet excès de la pensée qui se croit tout permis, à cette sorte d'ambition un peu totalitaire et excessive qu'on trouve chez Hegel, Spinoza ou Durkheim.

On répond donc clairement : il va falloir trouver le « sens » des choses humaines, mais les « causes » des choses non humaines. Car le fait que les choses humaines ne s'expliquent pas par référence à des causes ne signifie pas nécessairement qu'elles aient « un » sens ! D'où la troisième partie : on va, cette fois, remettre en question le fait que, même pour les choses humaines, il faille vouloir leur trouver un sens.

La troisième partie est de nouveau une réponse négative, mais encore plus radicale, On va examiner ce qu'on a vu en introduction : soit les choses n'ont aucun sens, soit elles en ont un, mais il est introuvable, soit elles en ont plusieurs.

*R. E.* : En somme, la différence qu'on peut faire, très simplement, entre la deuxième partie et la troisième partie, c'est que la deuxième partie s'oppose à la possibilité de trouver « du » sens, et la troisième partie s'oppose au risque qu'il y aurait à trouver « un » sens et à enfermer les comportements humains dans « une » signification.

*C. P.* : C'est tout à fait bien résumé. Et l'on voit qu'un plan se construit à partir des distinctions conceptuelles de l'introduction. Même quand elles apparaissent toutes petites – comme la distinction entre « du » sens et « un » sens, elles sont en fait très importantes, et justifient un plan. Autrement dit, si vous arrivez à justifier le plan par la référence aux distinctions posées en introduction, vous serez excellent. Souvent, les élèves ne le font pas parce qu'ils pensent qu'ils ne vont pas y arriver. Sachez qu'on va vous récompenser d'avoir essayé, même si vous n'y arrivez pas, mais qu'on va en revanche vous sanctionner de ne pas avoir essayé. Là on voit bien qu'on n'aurait pas pu construire le plan si on n'avait pas distingué : « pas de » sens, « un » sens, « du » sens, « plusieurs » sens, et les deux sens du verbe « trouver » : soit « je trouve moi-même », soit « je trouve parce qu'on me le révèle, on me le donne à voir ».

*R. E.* : Juste une chose : il y a peut-être un terme, pour le coup c'est le terme de « vouloir », auquel peut-être on n'a pas suffisamment donné sa chance... Mais, après tout, c'est peut-être une autre piste, une autre façon de traiter le sujet. *Quid*, Charles Pépin, de l'hypothèse selon laquelle le fait même de « vouloir » trouver un sens témoignerait du fait qu'au fond on sait que les choses n'en ont pas ? En somme, celui qui cherche un sens – ou qui voudrait en trouver un – témoigne, par son activité, qu'au fond il sait qu'elles n'en ont pas. Croirait-on en Dieu si Dieu existait ? C'est-à-dire si le monde était conforme à ce qu'il doit être, s'il se conformait à une volonté divine qu'on voudrait bonne.

*C. P.* : J'entends très bien ce que vous dites. C'est d'ailleurs la critique de Nietzsche, qui dit : on veut trouver un sens parce qu'on sait pertinemment que le monde n'a pas de sens, qu'il est absurde et insensé, mais on a tellement peur de cette réalité qu'on invente un sens pour se rassurer.

*R. E.* : Et que personne ne témoigne davantage du sentiment qu'il n'y a pas de sens que celui qui veut précisément en trouver un.

*C. P.* : Donc, si on vous écoute, on va bien avoir un argument supplémentaire pour la réponse réellement négative. Ça tombe bien, on est dans la troisième partie, et c'est là qu'on assume la réponse négative. Je comptais faire venir cet argument en toute fin de la troisième partie. Mais vous avez raison d'insister là-dessus parce que c'est un bon argument.

Dans cette même perspective, il y en a un autre, qui est, à sa façon un peu plus léger et qui consiste à dire : s'il est vraiment de la nature humaine d'interpréter et de donner du sens, si c'est si spontané, pourquoi faudrait-il « vouloir » ? Pourquoi serait-ce une obligation – ce que sous-entend l'injonction « il faut » – si c'est dans notre nature spontanée de le faire ? Autrement dit, ce serait nier ce qu'on a dit en partie au début, à savoir qu'il est proprement humain d'interpréter, de dire « il faut ».

Mais, soyons plus simples, examinons les différents éléments pour répondre clairement « non ». Il ne faut pas trouver un sens aux choses humaines parce que, peut-être, il y a de l'« insensé », il y a de l'absurde. Pensons au théâtre de Beckett, pensons à *L'Étranger* de Camus : l'erreur justement serait de chercher un sens à ses actes, un sens au fait qu'il ait fait l'amour avec cette femme le lendemain du jour où sa mère est morte, un sens au fait qu'il ait allumé cette cigarette à ce moment-là...

*R. E.* : ... un sens au fait qu'il n'ait pas pleuré à l'enterrement de sa mère.

*C. P.* : Exactement.

*R. E.* : Alors, effectivement, que se passe-t-il dans *L'Étranger,* juste pour mémoire ? Il s'agit d'un homme qu'on condamne à mort, d'abord et principalement parce qu'il a tué, mais surtout parce qu'on déduit les mauvaises intentions qui sont les siennes du fait qu'il n'a pas pleuré à l'enterrement de sa mère.

*C. P.* : Voilà. On veut donner « un » sens à cette absence de larmes, et c'est ce sens qui le condamne. Alors qu'on pourrait très bien dire de cette absence de larmes, soit qu'elle est absurde, qu'elle n'a pas de sens, soit qu'elle en a un, mais qu'on ne peut pas le trouver, car, en tant qu'hommes, nous n'avons pas ce pouvoir, nous ne pouvons voir ce sens. Et c'est cette piste que je préfère : cette absence de larmes a plusieurs sens, parmi lesquels il est impossible de trancher. Autrement dit, il n'y a pas de vérité, comme disait Nietzsche, il n'y a que des perspectives sur la vérité, les sciences humaines sont des sciences de l'interprétation, c'est-à-dire d'une pluralité d'interprétations.

*R. E.* : Il faut ici renvoyer l'élève au paragraphe 371 du *Gai Savoir* de Nietzsche : « Le monde est redevenu infini, en ce sens que nous ne pouvons pas lui refuser la possibilité de se prêter à une infinité d'interprétations. »

*C. P.* : Ce propos nietzschéen, qui vise à dire : « Tout n'est qu'interprétation, il n'y a pas de vérité, il n'y a que des perspectives sur les vérités et il y en a autant que d'individus », je propose de le nuancer par la référence à la psychanalyse, qui dit aussi : « Oui, il y a plusieurs sens dans une souffrance humaine, ou dans une joie, on va donner plusieurs interprétations, et il y en a certaines qui vont mieux marcher que d'autres. » Simplement, ces interprétations ne consistent pas à délivrer un sens. On s'ouvre à la richesse du sens, à la polysémie de l'humain, à la complexité du réel. On peut penser que le fait de vouloir trouver un sens aux choses humaines, c'est rater l'énigme de l'humain, l'épaisseur et la complexité d'une vie humaine. C'est rater l'humain, tout simplement. C'est d'ailleurs valable pour les événements d'une vie psychique comme pour les événements historiques. Quand une femme qui vous aime vous sourit, ce sourire n'a pas un sens. Mais de la même façon, la crise de 1929, événement historique, n'a pas un sens mais plusieurs.

*R. E.* : La crise de 2009 tout autant, d'ailleurs. Élève Pépin, on arrive au terme de la dissertation. L'appariteur s'apprête à vous arracher votre copie, il faut conclure...

*C. P.* : Eh bien, on peut conclure. Et pour cela il faut simplement répondre. La réponse est « non », on a compris. « Non », aussi parce que vouloir trouver un sens à toute chose, c'est dangereux – il faudrait d'ailleurs le mettre dans la troisième partie, mais, on n'a pas eu le temps. C'est dangereux car, souvenez-vous, si on est sûr de l'avoir trouvé, on peut tomber dans le fanatisme, l'intégrisme, le dogmatisme. Et si on veut absolument le trouver et qu'on ne le trouve pas, on peut aussi tomber dans la dépression ou le désespoir. On a donc beaucoup d'arguments pour justifier ce « non ». Le dernier argument consiste à dire que, si c'est à ce point naturel pour nous d'interpréter, alors il n'y a pas d'obligation, il n'y a pas de « il faut », il n'y a pas de « vouloir ». Cela se fait spontanément. Donc, en conclusion : non, il ne faut pas vouloir trouver un sens à toutes les choses, parce qu'il faut vouloir trouver les « causes » et non le sens des choses non humaines – ainsi va la science moderne –, et parce que, concernant les choses humaines, il ne faut pas vouloir trouver un seul sens, mais s'interroger sur leurs sens, sur la pluralité irréductible du sens des choses, qui fait la beauté et la complexité des vies humaines.

PLAN DU PROFESSEUR

## Faut-il trouver un sens à toute chose ?

### I. Oui : il faut vouloir trouver un sens à toutes choses.

*1. L'homme est cet animal qui donne du sens.*

*2. Philosophie, psychanalyse, religion : l'art d'interpréter le sens.*

*3. La philosophie comme démonstration du sens du monde.*

### II. Non. Il ne faut pas vouloir trouver un sens à toutes choses, mais simplement aux choses humaines. Il faut en revanche vouloir trouver les causes des choses non humaines.

*1. La science moderne comme recherche des causes, non du sens.*

*2. La référence au sens des choses comme obstacle au progrès scientifique.*

*3. Contre la tentation de « prendre les faits sociaux » comme des choses.*

### III. Non. Il ne faut même pas vouloir trouver un sens aux choses humaines.

*1. Il existe de l'insensé, de l'absurde.*

*2. Les choses humaines peuvent avoir plusieurs sens.*

*3. Vouloir trouver un sens aux choses humaines peut être dangereux.*

## QUELQUES RECOMMANDATIONS DE LECTURE

- Nietzsche, *Vie et vérité*, PUF.
- Hegel, *Phénoménologie de l'Esprit*, Vrin.
- Spinoza, *Éthique*, Vrin.
- Durkheim, *Les Règles de la méthode sociologique*, Champs Flammarion.
- Lacan, *L'Éthique de la psychanalyse, Le Séminaire* livre VII, et *Encore, Le Séminaire* livre XX, Seuil.

## *Doit-on toujours raison garder ?*

par François Pépin

*Raphaël Enthoven* : François Pépin, on va se poser ensemble la question de savoir si l'on doit toujours raison garder.

Si j'étais en Terminale, et si j'avais un tel sujet le jour du bac, j'aurais tendance, pour fabriquer une problématique, qui est l'essentiel d'une introduction, à comprendre cette expression de « raison garder » de deux façons. Dites-moi ce que vous en pensez. La première, c'est être « rationnel », garder la raison, faire usage de la raison, quand d'autres se laissent régir par leurs passions. Et la deuxième – bizarrement, le sens voisin n'est pas tout à fait le même –, c'est être « raisonnable ». Ce n'est pas la même chose. On a rarement tort d'être rationnel, on n'a pas toujours raison d'être raisonnable. Est-ce que j'aurais raison de procéder ainsi ?

*François Pépin* : Je pense que vous auriez raison, et que ce serait un bon point de départ. Dans ce genre de sujet, on a toujours « raison » de distinguer ces deux dimensions pour (éventuellement) les associer ensuite.

*R. E.* : C'est-à-dire ?

*F. P.* : D'un côté, on peut réfléchir à la question de l'usage général d'une faculté rationnelle, à la mise en œuvre de quelque chose qu'on a déjà, cette faculté innée qu'on nomme raison. Mais, d'un autre côté, le sujet soulève aussi un problème plus pratique, face à une situation d'urgence. Je pense que cette expression renvoie d'abord à des situations d'urgence, où il serait possible de perdre la raison – non pas tellement au sens d'une folie absolue, mais au sens d'une absence de contrôle, d'une absence de mesure. On aurait donc une problématique de la faculté à « utiliser », et en même temps une problématique de la disposition à « garder » face à des problèmes d'urgence, des pressions, des passions qui pourraient la mettre entre parenthèses, voire la remettre en cause.

*R. E.* : On va aller vers la formulation de cette problématique qui doit être la question à laquelle, presque obstinément, il faut essayer de répondre jusqu'à la conclusion. Avant cela, juste un petit conseil pour l'introduction : on a parfaitement le droit, et c'est même plutôt bienvenu, de commencer par un exemple tiré de l'actualité concrète. Si, face à un tel sujet, je pense à la déclaration conjointe, au moment des bombardements de Gaza, du CRIF et du CFCM, qui appelaient les deux communautés juive et musulmane en France à ne pas importer le conflit, et donc précisément à « raison garder », puisqu'ils avaient employé l'expression, si je fais référence à cela, en m'interrogeant sur ce qu'ils ont voulu dire, est-ce que j'ai « raison », là encore, de commencer de cette manière ?

*F. P.* : Là encore, oui, et décidément, votre copie s'annonce bien ! Cette expression « raison garder », on l'utilise souvent. Je me suis rendu compte de cela en regardant, dans l'actualité, les problématiques politiques, où il y aurait, soit du point de vue de la passion, soit du point de vue de la foule, des excès possibles. On aurait donc cette idée de mesure face à des problèmes graves et urgents, qui ont une importance par rapport à l'avenir.

*R. E.* : Mais quel genre de « mesure » faut-il garder ? Quand on dit « raison garder », est-ce ce que ça veut dire en gros : « Vous êtes juifs, vous êtes musulmans, évitez les sujets qui fâchent, n'en discutez pas, pour rester bons amis, essayez de pacifier les choses par le respect qu'on doit à autrui, à ses opinions mais surtout, peut-être, la prudence qui consiste à ne pas en discuter. » Ou bien « raison garder », c'est dire au contraire : « Discutez-en et confrontez vos arguments. »

*F. P.* : C'est effectivement toute l'ambiguïté de cette expression. Dans « raison garder », on a cette idée de retenue, qui permet une discussion ou une délibération. Mais on pourra aussi avoir une autre forme de retenue, qui serait d'ordre social : ne pas parler des sujets qui fâchent, ou en parler de telle sorte qu'au bout du compte on n'agisse jamais. Et il semble que si l'on veut donner un sens fort à cette expression, défendre cette expression – et c'est ce qu'il est conseillé de faire dans un premier temps –, il faut se demander comment « raison garder », mais en affrontant les problèmes, et non en les évitant.

*R. E.* : Alors, pour parvenir à cette problématique, s'il fallait formuler en une question disons une espèce de fil conducteur, de viatique, pour toute la dissertation, ce serait quoi ?

*F. P.* : Je verrais bien le lien entre le fait de se maîtriser et l'idée de mesure, qui pourrait, à travers l'expression « juste mesure », servir de norme. Et c'est une norme qui est intéressante. Là on s'engagerait dans une problématique assez difficile, il faut le savoir, parce que ce ne sera pas évident de contester l'impératif de « juste mesure ». Mais c'est le problème le plus lourd. Finalement, si « raison garder » renvoie à l'idée de se maîtriser pour permettre d'atteindre une juste mesure, on va avoir des analyses assez faciles à envisager pour défendre cette idée, mais on aura plus de mal à se demander comment la juste mesure pourrait être un impératif finalement contre-productif, ou alors un impératif qui ramènerait certaines valeurs morales contestables – des valeurs morales articulées à la retenue, à la maîtrise du corps à une certaine forme de mépris des passions.

*R. E.* : Oui, de sorte qu'il y a, éventuellement, une connotation morale derrière cette idée, paradoxalement, de « raison garder ». Alors quel plan construit-on autour de ça ? On a bien noté que si « raison garder » c'est se maîtriser pour permettre la juste mesure, est-ce que la juste mesure n'est pas en elle-même contre-productive ? Quel plan fabrique-t-on autour de ça ?

*F. P.* : Il y a toujours plusieurs plans possibles. Je crois que, quand un élève se pose la question du plan, il doit toujours se la poser par rapport à ses intuitions, à ses connaissances, tout ce qui vient de lui. Ne pas raisonner en termes de plan idéal. On peut toujours faire une copie correcte avec des éléments qu'on met en ordre – finalement, c'est le but du plan – et, inversement, on peut faire une mauvaise copie avec un bon plan. Donc, bien sûr, il faut un plan, mais il doit servir de guide, il ne faut pas le considérer comme un absolu qui risque de traumatiser. Il s'agit de construire quelque chose qui sera ensuite organisé. Je promouvrais, en revanche, dans le plan, une réflexion sur l'ordre, qui me semble le plus important. Autant il y a toujours plusieurs plans possibles autant, quand on commence mal, on aura du mal ensuite à se rattraper. Je pense que quelques principes peuvent être utiles ici. Par exemple, essayer de commencer par l'analyse et la défense du sens de l'expression en question, donc défendre d'abord l'impératif de « raison garder », étant entendu qu'on remettra en cause de manière plus précise ce qu'on a d'abord analysé et défendu.

*R. E.* : Une petite chose avant d'aller dans le cœur du sujet avec vous, François Pépin. La constitution d'un plan se fait-elle par l'addition des arguments en faveur d'une position, puis l'addition des arguments en défaveur de cette position, ou bien faut-il parvenir à une critique de la première position, mais à la lumière des analyses qu'on a d'abord développées ?

*F. P.* : Dans votre alternative, je pencherais évidemment pour le deuxième terme. L'addition d'arguments, c'est ce qu'on faisait dans les rédactions, mais ce n'est pas une bonne méthode en philosophie. Je préfère plutôt parler de ligne d'argumentation : essayer de construire quelque chose qui a une certaine unité, une suite dans les idées, avec, éventuellement, des pauses où l'on définit, où l'on présente des objections, mais il faut qu'il y ait une progression. Même chose, quand on passe par exemple d'une première partie à une deuxième partie : il faut qu'il y ait un débat, mais il faut aussi que l'on avance, qu'on progresse. Il est très souhaitable que, dans une seconde partie qui remet en question la première, on revienne sur ses points forts, sur ses arguments, voire qu'on les renverse.

*R. E.* : Ça peut être très intéressant de reprendre le même exemple, pour montrer qu'un exemple n'est pas seulement une illustration, mais qu'on le creuse...

*F. P.* : Oui, tout à fait. Je pense que les exemples doivent être des enjeux et les débats appuyés sur les exemples. Je dirais la même chose des définitions. Revenir sur les définitions me semble un des objectifs assez difficiles à atteindre pour un élève de Terminale, mais qu'il est souhaitable de viser. Essayer de construire des définitions et, ensuite, les remettre sur le chantier. Les définitions ne sont jamais définitives, il faut essayer d'y revenir, de jouer des argumentations qui se contredisent sur ces questions de définition. Par exemple, ici, sur la définition de la raison.

*R. E.* : Et puis donner sa chance à l'argumentation opposée. Alors allons-y, avec vous François Pépin : première partie.

*F. P.* : Je verrais bien une analyse de la raison comme faculté essentielle, qui déterminerait un impératif d'usage. On pourrait jouer sur la double dimension : la faculté essentielle, disons le rationnel, et l'usage par rapport à des problèmes pratiques, je dirais, le raisonnable. Qu'est-ce que ça veut dire « garder » la raison, donc « maintenir » l'usage d'une faculté rationnelle ?

*R. E.* : Si vous parlez d'« usage », c'est-à-dire qu'il n'y a pas de raison pure ici...

*F. P.* : On sera plutôt effectivement dans une raison pratique, mais on pourra se demander si cette raison pratique prolonge ou applique une raison pure, ou alors si elle a une dimension tout à fait originale et nouvelle.

*R. E.* : Quels exemples donneriez-vous ?

*F. P.* : Je pensais construire cette partie autour de quelque chose que les élèves connaissent peut-être. S'ils ne le connaissent pas, qu'ils se rassurent, ce n'est pas une obligation. C'est l'exemple de la forêt de Descartes, dans le *Discours de la méthode*. C'est un exemple censé illustrer une règle intéressante parce qu'elle est à la fois théorique et pratique. Il s'agit de savoir comment « se conduire » : dans les problèmes théoriques, mathématiques par exemple, mais aussi dans les problèmes pratiques. L'exemple de la forêt part de cette question : que faire quand on est perdu dans une forêt ? Le grand coup de génie de Descartes est de montrer qu'on n'est jamais perdu, même si on ne connaît pas le contour. Parce qu'on peut se donner une direction qui nous fait sortir à coup sûr, et qui consiste à marcher tout droit. La réponse est simple, mais le risque est, ensuite, de ne pas appliquer ce qu'on a conçu au préalable : au moindre signe aller à droite, à gauche, tourner en zigzag. La seule ligne qui nous conduit dehors, c'est la ligne droite. Il faut la concevoir au préalable, ensuite la suivre avec fermeté.

*R. E.* : Rien n'est plus difficile évidemment que d'aller tout droit, comme de faire simple. On va le lire le texte de Descartes, qui est dans la troisième partie du *Discours de la méthode*. C'est le Descartes assez peu cartésien d'ailleurs, en tout cas ce n'est pas le Descartes qu'on retient. En général, on se souvient davantage de Descartes qui veut nous rendre « comme maîtres et possesseurs de la nature ». Ici, on a le Descartes de la morale provisoire, celui qui ajourne la construction d'une morale définitive. Le texte en lui-même dit ceci : « Ma seconde maxime était d'être le plus ferme et le plus résolu en mes actions que je pourrais, et de ne suivre pas moins constamment les opinions les plus douteuses, lorsque je m'y serais une fois déterminé, que si elles eussent été très assurées, imitant en ceci les voyageurs qui, se trouvant égarés en quelque forêt, ne doivent pas errer en tournoyant tantôt d'un côté, tantôt d'un autre, ni encore moins s'arrêter en une place, mais marcher toujours le plus droit qu'ils peuvent vers un même côté, et ne le changer point pour de faibles raisons. Encore que ce n'ait peut-être été au commencement que le hasard seul qui les ait déterminés à le choisir. » En somme : peu importe où vous allez, l'essentiel, ce qui compte, c'est la façon dont vous vous y rendez.

*F. P.* : Tout à fait. Ce qui est remarquable, je crois, c'est la manière dont la contingence de la situation est finalement renversée en une nécessité, la nécessité d'un ordre conçu par le sujet. C'est intéressant pour revenir à notre double dimension : le rationnel et le raisonnable. Bien sûr il s'agit de sortir de la forêt mais, en même temps, le sujet se construit dans ce problème, et se manifeste à lui-même la maîtrise qu'il a de lui-même et des problèmes qui peuvent se poser à lui. On voit que Descartes, c'est souvent le cas dans ces textes-là, nous donne en quelque sorte le fruit d'une délibération intérieure, d'un questionnement qui amène finalement à construire des réponses. L'errance, qui est un grand ennemi (ici le labyrinthe), nous montre bien qu'il s'agit de se donner une ligne, de se construire des repères qui ne préexistent pas : c'est le sujet qui se les donne par l'ordre qu'il conçoit et la réponse qu'il construit pour sortir d'un problème.

*R. E.* : Donc, en somme, ce qui fait le lien entre le rationnel et le raisonnable, qui est donc l'ambivalence du sujet, c'est l'aptitude humaine à se donner un but et, par là, à être pour lui-même une boussole...

*F. P.* : Oui, effectivement, on pourrait faire des analogies – tout en gardant en tête ce que vous avez dit des différences, dans l'œuvre de Descartes, entre des problèmes pratiques, un peu oubliés au début et qui reviennent, et des problèmes théoriques. Mais on pourrait voir que, pour Descartes, la notion d'ordre, face à un problème dont il s'agit de traiter les données pour construire une réponse et, ce faisant, construire aussi sa propre maîtrise de soi, sa propre subjectivité, tout cela articule le rationnel et le raisonnable. On est ici dans une distinction qui associe, et non dans une distinction qui sépare et isole.

*R. E.* : Oui. On retrouve la phrase qu'Alain retenait de Descartes : « Le secret de l'action, c'est de s'y mettre. » On y retrouve également, d'ailleurs, la méthode de la dissertation : il faut y aller, il faut se donner un but. On vous jugera moins sur le fond que sur la façon dont vous articulez votre démarche. Donc, au-delà de cette analyse, sur quoi débouche-t-elle ? Qu'est-ce qu'on trouve quand on se donne une destination, quand on s'invente une boussole et qu'on marche ?

*F. P.* : Ce qui me semble intéressant, c'est qu'on est dans un problème très particulier, parce qu'on n'est pas vraiment perdu, je crois, dans la forêt de Descartes. Dès le départ, je sais que je vais en sortir. De ce point de vue, on a une sorte de façon de se rassurer qui est fondamentale pour Descartes. Pour se maîtriser, le premier acte consiste à se dire qu'on va pouvoir s'en sortir. Et, du coup, le premier moment, c'est de prendre conscience qu'on a une faculté rationnelle et que, tant qu'on la garde, on n'aura pas de difficultés insurmontables, ou alors, comme dit Descartes, ces difficultés ne seront pas de notre faute, et donc, finalement, ne nous regardent quasiment pas. Ce qui m'importe, c'est de sortir d'une difficulté. Donc, dans ce genre de problème, on possède une faculté qui prend conscience d'elle-même. Et deuxièmement, ce qui est intéressant – puisque, si on garde la raison, c'est qu'on peut la perdre – c'est qu'il est possible que j'oublie cette faculté. Que l'urgence ou la peur, dans la forêt, me fassent perdre l'usage de ce qui me définit quand même. Et, du coup, on a la possibilité d'un impératif réel : « Doit-on ? » Souvent les élèves délaissent ces petits mots ; s'il y a « le » devoir, ils vont y penser ; mais s'il y a le verbe « devoir », ils risquent de l'oublier. Je dirais qu'on a ici un double impératif. D'un côté, évidemment, pour moi-même, pour mes problèmes pratiques, il faut me sortir d'un mauvais pas. Et puis, d'un autre côté, il y a cette idée que je me dois à moi-même de respecter cette raison qui me définit, je me dois de me construire par rapport à la raison.

*R. E.* : Et, en même temps, on pourrait imaginer qu'on peut perdre la raison, par exemple, par un excès de raison. On peut considérer qu'il y a une rationalité qui est folle. Un savant fou qui voudrait recréer la vie à partir de la raison, ou qui voudrait appliquer le filtre de la raison à des catégories qui ne sont pas les siennes, ou qui voudrait percer le mystère du sourire de la Joconde – chaque année il y a une armée de scientistes qui se penchent sur la Joconde pour essayer d'en connaître le mystère. Est-ce qu'on n'est pas là en présence d'une objection possible à la position qui est la vôtre, à savoir : raison garder à tout prix, c'est parfois appliquer la raison à ce qui devrait lui échapper ?

*F. P.* : Je crois que c'est une objection très pertinente. On peut essayer, à ce moment de la réflexion, de contourner ou de dépasser l'objection en disant que, prise comme « raisonnabilité », la raison comme juste mesure ne peut pas avoir d'excès, au sens où la juste mesure sera précisément l'art de ne pas commettre d'excès ni de défaut. De ce point de vue, dans ce que Descartes nous propose, on voit qu'il y a une vertu cardinale, la prudence, qui doit nous amener vers le juste chemin. En ce sens, paradoxalement, il n'y a pas d'excès de prudence, parce que la prudence est simplement le moyen d'obtenir la bonne réponse. Ce n'est pas faire exprès d'aller lentement, c'est aller lentement parce que, ainsi, je me donne des outils pour aller sûrement.

*R. E.* : François Pépin, on est au début de ce chemin, on va avancer un peu plus vite, maintenant que la méthode est acquise. Vous envisagez la possibilité de la « prudence ». Est-ce que ce terme de prudence n'est pas un juste milieu, une juste mesure entre une rationalité pure et une raison pratique, une raison applicable au quotidien ? Après tout, l'homme prudent c'est celui qui a le courage, paradoxalement, de ne pas chercher dans la référence à des valeurs absolues la norme de son action, mais de la chercher au quotidien, « à vue de nez ». L'homme prudent, c'est aussi, après tout, celui qui navigue à vue, non ?

*F. P.* : Oui, ce serait une bonne médiation entre nos deux notions. C'est d'ailleurs remarquable. On voit que, dans la deuxième partie du *Discours de la méthode*, la vertu cardinale de la prudence s'applique aussi pour les règles très théoriques, abstraites, les principes de méthode. On la retrouve aussi dans les règles pratiques, Descartes nous disant par exemple qu'il vaut mieux, dans le doute, s'en tenir aux attitudes moyennes parce qu'elles sont : 1 – moins éloignées de l'erreur, si on se trompe il est plus facile de corriger quand on est au milieu ; 2 – plus faciles finalement à mettre en œuvre dans un contexte social. Donc, cette prudence pourrait être une vertu cardinale d'une raison à la fois rationnelle et raisonnable.

*R. E.* : Allons au-delà. Parce qu'on peut dire aussi : quel ennui, si on doit opposer à tout ce qui se passe dans le monde la prudence, la raison, le calme et la pondération. Où va-t-on en suivant un tel chemin ? Est-ce que cela peut être une objection qui justifierait qu'on change de registre, de partie ?

*F. P.* : Oui, je pense que c'est une bonne manière de présenter ce qu'on appelle une transition, une manière de rebondir, de relancer la problématique. Considérer que la prudence peut avoir un côté très ennuyeux et peut-être aussi un côté limité : en étant prudents on ne pourrait pas exploiter toutes nos possibilités. On aurait bien envie d'avoir le droit, quelque part, de commettre certains excès. Pas n'importe lesquels, évidemment.

*R. E.* : Allons-y.

*F. P.* : Je proposerais de nous intéresser, dans un deuxième temps – ce ne sera pas une partie facile – à cette idée qu'on peut rompre avec le principe de mesure. C'est-à-dire non pas commettre des excès, mais dépasser la question de savoir s'il y a une mesure par rapport à laquelle il y aurait des excès. Là je propose – c'est toujours intéressant de construire des parties autour des distinctions – de distinguer la « grandeur » et l'« excès ». Faire preuve de grandeur, être capable de grandes et belles actions pour dépasser la problématique de la mesure par rapport à laquelle tout ce qui est au-delà est excès.

*R. E.* : Est-ce qu'on pourrait prendre des exemples politiques pour illustrer ce que vous dites sur la distinction de la grandeur et de l'excès ? Un dictateur est excessif. Mais il existe de grands hommes d'État qui, loin d'être des dictateurs, ont pris des décisions parfois à contre-courant des opinions : je pense à François Mitterrand, en l'occurrence, et à l'abolition de la peine de mort. Est-ce qu'on n'est pas là en face d'une décision qui relève de l'ordre de la grandeur, justement ?

*F. P.* : Sur cet exemple, ça se défend très bien. Il peut y avoir certaines actions qui révèlent un courage ; sur un plan politique, on dirait même qu'elles sont suicidaires. « Raison garder, diraient les conseillers du président, le peuple n'est pas prêt, bien sûr, c'est très souhaitable moralement, mais la justice aura peut-être des problèmes d'application etc. » L'intérêt de la grandeur consiste à dire : « Je ne veux même pas me préoccuper de tout ça, je veux dépasser tout ça par des impératifs plus grands, plus nobles, plus hauts, plus élevés. » On a affaire à un dépassement de la problématique de la mesure vers d'autres modèles estimés supérieurs.

*R. E.* : On parle ici d'imprudence…

*F. P.* : Est-ce de l'imprudence ou est-ce complètement autre chose, une autre problématique ? Là on n'opposerait même plus tellement l'imprudence à l'excès, mais la mesquinerie à la grandeur… Autrement dit, refuser de se préoccuper, dans certains cas, de certaines considérations qui, pour autant, pourraient relever de ce qu'on appelle la prudence, qui ne sont donc pas complètement stupides.

*R. E.* : Quelles sont les références, philosophiques ou littéraires ? Il faut préciser que la référence philosophique n'est pas une obligation contractuelle du bachelier. Après tout, une référence littéraire fonctionne aussi, dans la mesure où le traitement des exemples est effectif, c'est-à-dire où on creuse un exemple. L'essentiel est de se conduire en philosophe, et pas de jeter de la poudre philosophique aux yeux du correcteur qui, de toute façon, ne sera pas dupe. Quelles références pour illustrer un tel propos ?

*F. P.* : Justement, j'avais plutôt envie de prendre une référence littéraire, dans le but très déterminé de démontrer aux élèves que tout peut être utilisable, à condition d'approfondir. La qualité d'un exemple n'est pas dans le côté littéraire ou culturel, mais dans l'usage qu'on en fait. J'avais pensé à ce bel exemple de Cyrano, qui commet un geste excessif et pourtant très grand quand, au début du premier acte, il annule une représentation théâtrale. Tout les arguments contre cet acte lui semblent mauvais, le seul qui lui paraît bon, c'est que ça coûte de l'argent au propriétaire du théâtre. Il jette alors sa bourse, d'un geste très beau : tout est dans le geste. Et finalement son ami lui dit : « Alors tu n'as plus d'argent ? » Il répond : « Non, non, j'ai tout donné. »

*R. E.* : – « Pension paternelle, en un jour, tu vécus !
– Pour vivre tout un mois, alors ?
– Rien ne me reste.
– Jeter ce sac, quelle sottise !
– Mais quel geste ! »

*F. P.* : Voilà ce qui coupe la discussion : c'est le geste. Je voulais véritablement faire preuve de cette grandeur d'âme qui consiste à oublier qu'il ne me restera rien.

*R. E.* : Il donne trop, puisqu'il donne tout.

*F. P.* : Bien sûr. Mais c'est justement parce qu'il donne trop que c'est grand.

*R. E.* : Il y a deux questions là-dessus. D'abord sur Cyrano : *Cyrano* est une lecture obligatoire, en particulier en Terminale, même avant d'ailleurs. Il a son interlocuteur, Le Bret, qui est son ami, qui est le porte-parole de ce que Max Weber appelle l'éthique de responsabilité : il faut être prudent, il faut faire gaffe, il faut flatter Richelieu, il faut accepter qu'il change quelques vers pour pouvoir faire paraître sa pièce *Agrippine,* etc. Cyrano ne passe aucun compromis. Il a décidé d'être admirable en tout et pour tout, voilà son système. Et, dans ce dialogue entre la grandeur de Cyrano, certains diraient l'*hubris*, ou la démesure de Cyrano, et la rationalité très ennuyeuse du sympathique Le Bret, il y a peut-être tout le débat qui nous agite aujourd'hui.

*F. P.* : Oui, tout à fait. On pourrait considérer ce débat à deux niveaux. D'abord, quand on lit la pièce, on est très enthousiaste pour la grandeur d'âme de Cyrano, et on a tendance à préférer Cyrano. Mais on pourrait aussi transposer ça en termes de vie pratique. Quand quelqu'un dit : « J'ai décidé d'être admirable en tout pour tout », dans un premier temps on va lui dire : « C'est peut-être excessif. » Donc ce qui a une très belle dimension de grandeur dans des œuvres littéraires, pourrait être beaucoup plus gênant sur le plan pratique. Et l'on aurait ainsi, en prenant un tel modèle et en se souvenant qu'il est littéraire, à distinguer des modèles extrêmement beaux, à méditer, et puis des modèles pratiques, à suivre. On pourrait donc confronter la grandeur et la prudence en se demandant si ça ne dépend pas aussi des niveaux d'analyse.

*R. E.* : Alors, les arguments en faveur de la grandeur culminent vers quoi ? où nous conduisent-ils, précisément ? Cette critique de la prudence par la grandeur...

*F. P.* : Ils nous conduisent à un problème, celui du critère : qu'est-ce qui va valoriser, justifier, évaluer la grandeur ? Chez Cyrano, on a des critères très différents. Par exemple, on a le regard d'autrui. Il s'agit de se montrer grand aux yeux des autres et ce critère est probablement, en tout cas à un premier niveau, le plus discutable puisqu'il consiste à mettre son bonheur dans l'âme d'autrui, comme disait Marc Aurèle. Et, de ce point de vue, on est toujours dans la dépendance par rapport à un regard.

*R. E.* : Le problème de Cyrano, c'est la grandeur de son nez, son nez qu'il installe de toute façon sous le regard d'autrui. « Ce nez qui d'un quart d'heure en tous lieux me précède » fait que, de toute façon, il ne peut pas vivre sans le regard d'autrui.

*F. P.* : Oui, et qu'il doit montrer sa grandeur d'âme pour cacher la grandeur de son nez, surtout aux yeux de sa bien-aimée. Mais on a ici un problème qui n'est pas évident. Que les élèves l'affrontent sera bienvenu, qu'ils n'arrivent pas entièrement à le résoudre ne sera pas forcément une catastrophe. C'est-à-dire : quel pourrait être le critère de la grandeur pour justifier qu'on dépasse l'impératif de prudence ? Ici, ça consiste essentiellement à se poser les questions du mode de vie, et de ce qui oriente un mode de vie. Et on pourrait envisager l'idée qu'il y a aussi des problématiques de caractère, pas seulement des absolus, que finalement Le Bret et Cyrano sont deux caractères possibles qui n'entrent pas forcément en conflit. On a plutôt l'impression que c'est un dialogue de sourds, entre deux personnes qui resteront, jusqu'à la fin, très différentes, mais qui arrivent à s'apprécier.

*R. E.* : Modèle d'un dialogue philosophique. J'y pense en vous écoutant : qu'est-ce qui distingue le couple Cyrano-Le Bret du couple Alceste-Philinte, le couple du *Misan-*

*thrope* ? Autant Cyrano est admirable et Le Bret est sympathique, autant Alceste est un épouvantable casse-pieds, et Philinte passe, à tort à mon avis d'ailleurs, pour un homme hypocrite.

*F. P.* : Je dirais qu'il y a une deuxième grandeur chez Cyrano, qui pourrait aider à faire la distinction, c'est sa capacité à faire un sacrifice, un sacrifice extrême qui consiste à sacrifier son amour et ses propres qualités.

*R. E.* : Alors qu'Alceste demande à son amour de se sacrifier pour lui...

*F. P.* : Tout à fait. On a une grandeur froide, peut-être effrayante, chez Alceste, alors que, chez Cyrano, on a une grandeur qui enthousiasme, une grandeur, finalement, qui offre tout ce qu'il y a de fort dans la passion, y compris dans son excès.

*R. E.* : On en est à la fin de la deuxième partie, avec cette distinction entre la grandeur et la prudence. Vous avez distingué aussi la grandeur et la démesure, c'est-à-dire, en ce qui concerne la grandeur, le sens du sacrifice. Où va-t-on, maintenant qu'on a opposé la grandeur à la prudence, après avoir fait de la prudence le modèle d'une rationalité raisonnable ?

*F. P.* : Je propose de rebondir sur la question du critère, et notamment sur ce qui semblerait encore maintenu par Cyrano, c'est-à-dire l'impératif de la maîtrise. Bien sûr Cyrano rompt, semble-t-il, en tout cas d'après ce texte, avec la sortie de l'errance qu'on avait chez Descartes, c'est-à-dire avec l'ordre clair et prudent. Mais, en même temps, tout ce que fait Cyrano révèle une maîtrise énorme, une maîtrise littéraire, intellectuelle, une maîtrise dans l'art de se battre...

*R. E.* : Cyrano dit ceci : « Pour un oui, pour un non, se battre ou faire un vers »... Donc il a un rapport presque de légèreté, de nonchalance, à l'égard des décisions les plus graves de la vie.

*F. P.* : En même temps, dans cette légèreté, quand il se bat, il fait une ballade, et cette ballade montre un art consommé. Dans une certaine mesure, l'impératif de Cyrano a un côté systématique : être admirable en tout et pour tout. Il y a donc encore cette idée qu'on a un projet, qui, bien sûr, n'est pas orienté par la vertu de la prudence, mais un projet, un mode de vie global qui pourrait encore relever de la maîtrise. Je proposerais d'envisager quelque chose qui soit une rupture complète avec le principe de maîtrise. Mais est-ce que ça peut avoir un sens ? est-ce qu'on peut vraiment rompre avec le « raison garder » comme impératif de maîtrise ? est-ce qu'on peut envisager la rupture complète avec le principe qui consiste à se maîtriser pour savoir quoi faire ?

*R. E.* : En somme, le tort de la position prudente, qui était celle de la première partie, c'est qu'elle passait sous silence la grandeur, de sorte que la prudence débouchait sur une certaine forme d'ennui. Et le tort de la grandeur, dans la deuxième partie, c'est qu'elle abjure la raison et que, répudiant la raison, elle peut se perdre elle-même.

*F. P.* : Elle pourrait aussi se perdre elle-même, et il est possible que Cyrano, à certains moments, n'en soit pas loin.

*R. E.* : Alors, allons-y.

*F. P.* : Allons-y. Comment, à la fois, subvertir le principe de maîtrise tel qu'on l'a défini, et en même temps essayer de ne pas être dans un excès qui ferait qu'on se perde complètement ? Ce n'est pas facile à formuler. Je propose de l'exprimer par une distinction qui est extraordinaire, une distinction que le philosophe et médecin du XVIIIe siècle, Julien Offray de La Mettrie, propose entre la « volupté » et quelque chose qui y est souvent associé à l'époque, mais que La Mettrie différencie, la « débauche ». On a ainsi une nouvelle distinction.

*R. E.* : À l'appui de « raison garder », vous citez un homme qui est mort d'indigestion...

*F. P.* : Tout à fait ! Mais, à l'appui de « raison garder » on a un sens extrêmement précis. La Mettrie invoque la raison contre des excès comme le fanatisme religieux, comme aussi l'excès des passions, ou l'excès qui met en danger la santé. En même temps, ce que La Mettrie pose comme vertu cardinale, ce qu'il appelle « volupté », c'est une espèce de nouveau rapport à soi, qui n'est pas le rapport de maîtrise immédiate, mais qui passe par les sens, par la manière de sublimer les sens, la manière de se perdre en sachant qu'on se perd. Je crois que la notion qui peut traduire ça au mieux, c'est celle de jeu avec les limites : aller un peu plus loin, jouer jusqu'à la limite et la franchir.

*R. E.* : Est-ce que vous parleriez ici d'« eumétrie », au sens que les épicuriens pouvaient donner à ce terme, « garder une bonne distance » ?

*F. P.* : Je pense qu'il y a un épicurisme chez La Mettrie...

*R. E.* : Je ne parle pas de La Mettrie en soi, mais d'eumétrie...

*F. P.* : L'eumétrie, oui... Je pense qu'on a l'idée d'une certaine distance à garder, au sens où l'on peut vouloir aller un peu plus loin, mais à condition de le savoir et de jouer sur ce léger transport, ce léger excès, qui fait qu'il y a un côté piquant et, en même temps, comme on sait qu'on va trop loin, et comme on sait que c'est surtout le plaisir de franchir la limite qui importe, on ne va pas trop trop loin, si je puis dire, on ne va pas vers ce que La Mettrie appelle la débauche. Par exemple, dans tous les livres plus ou moins érotiques qu'il lit et dont il parle, on montre tout et trop vite, alors que lui, ce qu'il aime, ce sont les limites. Pourquoi ? parce qu'on peut les franchir, on peut jouer avec. Du coup, il replace les interdits théologiques dans le cadre d'une espèce de libertinage de la volupté, les considérant comme très utiles parce qu'on peut jouer avec.

*R. E.* : Dans ce cadre-là, la religion a cette vertu de poser des interdits qui rendent voluptueuse la transgression...

*F. P.* : Tout à fait.

*R. E.* : Alors, jusqu'où peut-on aller trop loin ? Puisque c'est ça la question...

*F. P.* : C'est effectivement la grande question, et là, la notion de volupté chez La Mettrie est intéressante. Elle renvoie à une certaine dimension de la raison. Ici, il s'agit de se construire. On se perd autant que cela nous amuse, mais pour mieux se retrouver. C'est-à-dire qu'il s'agit de se fondre dans les sens et dans le plaisir des sens pour, ensuite, se retrouver dans cette idée qu'on a aussi réussi à organiser – dans une certaine mesure – ses plaisirs.

*R. E.* : Quel modèle pratique sort-on de La Mettrie ? Quel exemple, presque trivial, pourrait-on donner d'une telle position, en somme ? Moi, ça me fait penser à ce fameux poisson au Japon, le fugu. Sa chair, paraît-il, est délicieuse. Mais elle l'est d'autant plus que le foie et les ovaires de ce poisson contiennent une neurotoxine dont l'ingestion provoque une paralysie quasi immédiate des systèmes respiratoire et nerveux. De sorte que, quand on déguste un fugu, on se remet entre les mains d'un cuisinier qui, s'il n'est pas rationnel, s'il ne garde pas raison, vous prive de la vie. Et il arrive, paraît-il, que certains cuisiniers laissent échapper une goutte infime de ce poison, qui donne à celui qui le déguste le vertige de la mort. Un léger vertige : on a la tête qui tourne, on envisage la possibilité de mourir... Est-ce qu'on pourrait comprendre cela ainsi ?

*F. P.* : Tout à fait. D'autant plus que La Mettrie a écrit un traité sur le vertige... Même si on peut sortir de ce qu'il dit, on a cette idée qu'il s'agit de jouer sur ce transport, ce dessaisissement du sujet, pas total – on pourra se retrouver – mais qui rompt avec cette idée qu'on a toujours un rapport à soi de contrôle et de maîtrise. Il faut savoir prendre des risques, perdre le contrôle, tout en reconnaissant qu'on ne l'a jamais totalement. Il y a à la fois cette lucidité et, en même temps, ce plaisir dans la perte de contrôle reconnue, acceptée comme telle et, évidemment, organisée – c'est un paradoxe – de telle sorte que l'on puisse se retrouver.

*R. E.* : Vous voulez dire qu'il serait déraisonnable d'être raisonnable en toute circonstance.

*F. P.* : Oui, on peut dire ça comme cela. C'est-à-dire déraisonnable de marteler, d'imposer ce principe de mesure ou de raisonnabilité. Par exemple, de calculer les conséquences tout le temps : il faut, parfois, ne pas calculer. On peut vraiment le présenter comme un impératif. Vous parliez du fugu, on pourrait parler aussi des relations amoureuses : il y a bien des moments où il faut savoir ne pas calculer, ne pas se demander « combien ça doit me rapporter ».

*R. E.* : Alors, s'il est déraisonnable d'être raisonnable tout le temps, il est donc raisonnable de parfois perdre la raison ? On est là au cœur du mot clé, vous l'avez dit tout à l'heure, le mot de « jeu ». Est-ce qu'en somme « raison garder », ou « raison préserver », n'impose pas, nécessairement, de jouer, un peu, avec sa raison ?

*F. P.* : C'est une idée très intéressante à défendre. Ça permettrait de voir que la raison en question n'est pas seulement la raison kantienne – cette raison kantienne qui joue sur la limite en un sens différent. C'est aussi le plaisir de la raison : la raison est caractérisée comme une faculté qui est aussi liée au plaisir, plaisir lié à un rapport à soi. On aime jouer, on aime parfois perdre, à condition de pouvoir rejouer. Il y a toute une dimension dans cette question qu'on pourra appeler une esthétique du jeu. Je crois que ce n'est pas facile à exprimer dans une dissertation, mais le simple fait de se confronter à ce genre de problème peut révéler un candidat capable de traiter de choses peu banales et en même temps d'affronter des problèmes avec ses propres instruments et de faire ce qu'il peut. C'est essentiel.

*R. E.* : Vous dites de « ne pas calculer les conséquences ». C'est l'expression que vous avez employée : être capable de temps en temps de ne pas calculer les conséquences de ses actes. Évidemment, tout dépend des circonstances. J'ai envie de vous demander : en vertu de quels critères peut-on savoir qu'il est ici opportun ou inopportun de ne pas calculer les conséquences de ses actes ? Quand est-ce qu'un homme a raison de dire : « Je me fiche des conséquences de ce que je fais » ?

*F. P.* : C'est une question difficile, et on pourrait se demander s'il faut la poser en termes de critère général, au sens où cela nous ferait retrouver finalement un principe de raison garder qui nous dirait « quand » on ne doit pas raison garder.

*R. E.* : Oui, c'est une forme de prudence...

*F. P.* : Voilà, une forme de prudence qui, par avance, en tout cas dans la généralité, nous donnerait des orientations suffisantes pour finalement se faire peur un petit peu, de temps en temps. Je verrais bien l'exemple du *fougou*. Se faire peur, et puis après, quand on retourne au travail, dans la vie sociale...

*R. E.* : ... ou sauter à l'élastique, par exemple...

*F. P.* : Par exemple. Mais je pense que c'est une voie qui a peu de mérite. La question est de savoir « quand » perdre sa prudence. Mais, comment éviter les excès d'une telle attitude ?

*R. E.* : On arrive à la fin de la dissertation. La question est de savoir s'il y a des critères – ou si nous avons intérêt à en fabriquer –, à l'intérieur desquels on sait quand on garde la raison et quand on ne la garde pas. Finalement, l'édiction de tels critères aurait tout simplement pour effet de simplifier la question, de remplacer un problème par un catalogue, un catalogue de circonstances. Mais, peut-être faudrait-il procéder autrement, et partir de l'intérieur, c'est-à-dire d'un exemple. Si, par exemple, vous travaillez dans une usine, et que votre usine est fermée, parce que l'entreprise qui possède cette usine a besoin de la fermer, de la délocaliser, soi-disant, pour faire des économies, vous aurez des tas de gens qui, armés de leur raison, diront et expliqueront pourquoi il est nécessaire de fermer cette usine, parce que « dans le régime de la concurrence mondiale, il est important de fermer une usine, de diminuer les coûts de production, pour ne pas mettre la clé sous la porte ». Ceux-là parleront au nom de la raison. Seulement vous aurez en face ceux qui se font virer et qui perdent leur emploi, et qui parleront au nom d'une autre raison, et qui n'auront pas moins raison de dire : « Écoutez, tout ce que vous dites est peut-être vrai, mais je m'en fous. » En somme : « Les conséquences ne m'intéressent pas, puisque dans l'immédiat, la victime c'est moi. » Est-ce qu'on n'est pas là justement dans un modèle de « raison garder », ou « raison oublier » ?

*F. P.* : Oui, je pense qu'effectivement on a, dans ces impératifs sociaux et politiques articulés à la raison, une dimension du sujet...

*R. E.* : On dit souvent qu'il ne faut pas réduire les individus à des chiffres...

*F. P.* : Là on voit que vous avez opposé la vie, la possibilité de continuer à vivre (non pas l'argent en tant que quantité, mais l'argent en tant que ressource pour vivre avec sa famille) à des impératifs financiers où l'on calcule des taux de rentabilité. Et, effectivement, dans « raison garder », s'il fallait mettre cette expression d'un côté, je la verrais plus du côté de l'impératif qu'on justifie pour délocaliser. On pourrait lui opposer une autre raison, effectivement, une raison alternative. D'ailleurs, on pourrait peut-être retrouver non plus la question des critères, mais la question du guide : avoir au moins un grand guide qui serait la vie bonne ou la possibilité qu'une collectivité permette à chacun d'avoir une vie satisfaisante. Mais on ne pourra peut-être pas aller plus loin dans la précision de cette vie satisfaisante.

*R. E.* : En même temps, dans son introduction aux *Sciences de l'esprit,* Dilthey, que les élèves de Terminale connaissent en général assez peu, distingue « comprendre » et « expliquer ». Il y a ces choses qu'on explique, la fermeture de l'usine, selon une logique comptable, et il y a ces choses qu'il faut comprendre, c'est-à-dire la douleur de celui qui en fait les frais. Est-ce qu'une telle distinction trouve sa place dans le cadre de cette question de « raison garder », finalement, pour déployer ces deux ordres de raison ?

*F. P.* : Oui, je pense que c'est une distinction utile. Et les élèves connaissent assez peu Dilthey, mais ils ont maintenant ces distinctions-repères qui sont au programme, donc ils peuvent utiliser cette distinction entre comprendre et expliquer. Cela permet de préciser les enjeux. Est-ce que ça nous permet d'avoir une réponse générale ? Je n'en suis pas tout à fait sûr ici. On n'est pas obligé de conclure d'une manière dogmatique...

*R. E.* : Justement, puisqu'il faut conclure, rappelons que l'essentiel dans la conclusion, c'est de répondre quand même à la question qu'on a posée. Donc reprenons la question et concluons...

*F. P.* : Oui, je disais qu'il ne faut pas conclure de manière dogmatique, mais il faut toujours conclure de manière précise. Ici, on pourrait conclure en disant : si on suit notre progression, il ne faut pas toujours raison garder, à condition d'entendre par là que la rupture avec la raison n'est pas forcément un excès, que ça peut être l'affirmation d'autres valeurs, d'autres normes, ou une autre manière d'envisager la raison, non plus comme quelque chose qu'on garde mais comme quelque chose qu'on construit et qu'on « remet en jeu », pour jouer sur l'expression.

*R. E.* : Et donc ça veut dire que « toujours raison garder » serait raisonnable et, qu'en somme il y aurait derrière cet impératif quelque chose qui est de l'ordre de la coercition, de la contrainte ? En somme, un chef d'État qui dit à la population : « Soyez raisonnables », est-ce que selon vous cette parole relève d'un ordre qui serait celui de la contrainte, dans cette perspective ?

*F. P.* : Oui, tout à fait. Surtout s'il l'a énoncé en disant : « Il faut être raisonnable. » C'est-à-dire : il faut considérer que c'est un impératif qui dépasse le choix, c'est un impératif qui s'impose, une espèce de fatalité en quelque sorte. Si c'est énoncé comme cela, il sera intéressant, dans la dissertation comme ailleurs, de rompre avec ce genre d'impératif.

*R. E.* : Est-ce que ça ne renvoie pas à une différence de point de vue entre, d'un côté celui qui gouverne et, de l'autre, ceux qui sont gouvernés ? Est-ce qu'en somme le devoir de celui qui gouverne – on peut prendre un ultime exemple, on est vraiment au terme de cette émission avec vous, François Pépin, mais juste un ultime exemple – est-ce qu'en somme il n'y a pas d'un côté Créon qui fait régner la loi et qui, de façon déraisonnable d'ailleurs, désigne Polynice comme coupable alors qu'Étéocle l'était tout autant, donc le roi de Thèbes qui, pour réconcilier son peuple, lui donne un bouc émissaire, et de l'autre côté Antigone, qui, de son côté, a tout à fait raison de rendre les hommages funéraires de la même manière à ses deux frères ? Est-ce que finalement il n'y a pas ce conflit de points de vue ?

*F. P.* : Oui, il y a un conflit de points de vue, mais on peut aussi se poser la question de la priorité. Antigone vantant la priorité de la loi du père, la loi naturelle... Cela nous amènerait à la question de savoir si on peut trancher ce conflit en imposant une priorité générale ou pas.

PLAN DU PROFESSEUR

## Doit-on toujours raison garder ?

### I. Se conduire en raison gardant : résolution des problèmes et construction du sujet.

*1. Rationnel/raisonnable couplé avec faculté innée à utiliser/disposition à garder.*

*2. Théorique/pratique.*

*3. Prudence/précipitation, Se perdre dans l'errance/se conduire avec l'ordre.*

### II. La rupture à l'égard du principe de mesure : la grandeur d'âme et la beauté du geste.

*1. Grandeur/excès et grandeur/prudence.*

*2. Rationalité du calcul/beauté du geste.*

*3. Prudence comme juste milieu/prudence comme limitation.*

### III. La subversion du principe de maîtrise : les jeux de la volupté contre les impératifs de la raison calculatoire.

*1. Volupté/débauche.*

*2. Respecter les limites/jouer avec les limites. Maîtrise/dessaisissement.*

*3. Ordre cartésien/organisation des plaisirs. Expliquer/comprendre.*

## QUELQUES RECOMMANDATIONS DE LECTURE

**Textes directement utilisés :**

- René DESCARTES, *Discours de la méthode*, partie II et III : la prudence et l'art de se conduire selon la raison face à des problèmes théoriques et pratiques.
- Edmond ROSTAND, *Cyrano de Bergerac*, en particulier le début, mais toute la pièce met en scène la grandeur d'âme de Cyrano dépassant la prudence intéressée et même le légitime souci de soi.
- Julien OFFRAY DE LA METTRIE, *Le Système d'Épicure, L'Art de jouir, L'École de la volupté*, in *Œuvres philosophiques*, Fayard, 2 volumes, 1987. Tous ces textes construisent la volupté, distincte de la débauche, en relisant l'héritage épicurien dans le cadre d'une philosophie du plaisir moins soucieuse de respecter des limites que de jouer avec.

**Autres lectures pour prolonger la réflexion :**

- ÉPICURE, *Lettre à Ménécée*. Comment se prémunir contre les excès tout en faisant de la raison l'instrument de la juste jouissance (et non une instance réprimant les plaisirs). Raison garder pour ménager les plaisirs à venir.
- Article « Philosophe » de l'*Encyclopédie* de Diderot et D'Alembert, anonyme. L'image d'un philosophe qui fait d'une part de la raison un instrument général de régulation (contre l'opposition traditionnelle entre raison et passion), et d'autre part l'oppose aux excès du fanatisme.

## *L'illusion qui réconforte est-elle préférable à la vérité qui dérange ?*

par Pascal Séverac

*Raphaël Enthoven* : Le plus difficile avec le bac philo n'est pas l'épreuve en elle-même, mais l'idée qu'on s'en fait. De sorte que l'objet de ces dissertations en direct, est à la fois de montrer comment un sujet se fabrique, se traite, les différentes façons de saisir une problématique et de l'ordonner, mais aussi de montrer que le bac de philo n'est ni la mer à boire ni un vol plané dans le ciel des idées, mais l'art élémentaire et précis de répondre à une question, fût-ce par une autre question.

C'est aujourd'hui Pascal Séverac, professeur en Terminale au lycée Jacques-Brel de La Courneuve, qui vient se poser une question redoutable : « L'illusion qui réconforte est-elle préférable à la vérité qui dérange ? ». C'est un sujet magnifique, où l'on pressent à la fois qu'il va falloir dire non, et peut-être choisir l'âpre vérité, mais où en même temps on a envie, face à ce sujet – peut-être est-ce un premier réflexe –, tout simplement, de se dire : « Pourquoi pas ? » Après tout, pourquoi ne pas préférer l'illusion qui réconforte à la vérité qui dérange ?

*Pascal Séverac* : Oui, pourquoi pas ? Surtout qu'on pourrait se dire, si on regarde ça de loin, les choses sont équilibrées. D'un côté, on a l'illusion, de l'autre, la vérité. Peut-être qu'on ne doit pas trop plaisanter avec la vérité. Donc il faudrait toujours choisir la vérité par rapport à l'illusion. Mais, en même temps, c'est une illusion qui « réconforte » : source de plaisir, de joie, de soulagement. En face, on a une vérité qui « dérange », et, dans ce dérangement, on peut voir quelque chose de fort, un trouble dans nos habitudes de penser, dans nos manières ordinaires de mener notre vie.

*R. E.* : Ce sujet renvoie d'ailleurs à une expérience tout à fait banale : combien de fois dans la vie préfère-t-on s'oublier un peu, en somme, oublier un peu la machine ? tout en sachant, en toute conscience d'ailleurs, qu'on oublie la machine, qu'on oublie le cours du temps, qu'on oublie l'âpre vérité ?

*P. S.* : Là, il y a deux choses. C'est en effet s'oublier, mais peut-être qu'on peut aller encore plus loin : plus que s'oublier, c'est se raconter des histoires, s'arranger avec la réalité, tout en en ayant plus ou moins conscience, et je pense que c'est là toute la difficulté du sujet. Le sujet demande en effet : qu'est-ce qui est préférable, l'illusion réconfortante ou la vérité dérangeante ? Or, pour pouvoir préférer une chose à une autre, il faut les avoir à l'esprit, il faut en avoir conscience. Par conséquent, un des problèmes que pose le sujet – et la problématique, c'est cela : voir les problèmes que pose le sujet –, est de savoir si, lorsque je suis dans l'illusion, j'en ai conscience. La conscience, c'est le savoir qui accompagne notre existence. Donc : est-ce que je sais que je suis dans l'illusion quand je m'illusionne ?

*R. E.* : En somme, votre sujet sous-entend que celui qui est dans l'illusion ne se fait pas d'illusion là-dessus. Il est au courant.

*P. S.* : En tout cas, il va falloir se poser la question de savoir à quelle condition la préférence, ou le choix, est possible. À mon avis, pour pouvoir choisir entre deux choses, il faut être extérieur à elles. Ce qui voudrait donc dire, et ce sera une première façon d'aborder le sujet, que le choix entre la vérité qui dérange et l'illusion qui réconforte ne se pose pas forcément d'emblée pour celui qui va subir cette vérité ou cette illusion. Comment cela se pourrait si celui qui est dans l'illusion n'en a pas conscience ? Le choix doit être envisagé avant tout du point de vue de celui qui peut produire, à l'égard des autres, soit la vérité, soit l'illusion.

*R. E.* : Alors, avant d'aller dans les détails du plan, Pascal Séverac, il faut revenir en amont. Pour un lycéen, un futur étudiant qui passe le bac, qui se trouve face à un sujet, qui doit réagir à ce sujet, le premier réflexe de celui qui donnera une future bonne dissertation, un conseil que l'on ne donnera jamais assez, c'est de ne pas se dire d'abord : « Qu'est-ce que je sais là-dessus ? » Ne pas commencer par mobiliser ses connaissances. En revanche, commencer par donner toute sa chance à la question, à sa singularité, à ses difficultés propres...

*P. S.* : C'est surtout un danger pour ceux qui savent des choses en philosophie... et il y en a à la fin de l'année ! Ceux qui ont appris des choses peuvent en effet être tentés d'ouvrir le tiroir à connaissances.

*R. E.* : Ceux qui boitent grâce aux béquilles qu'on leur donne...

*P. S.* : Voilà, et qui essaient de se rattraper, de se récupérer sur un savoir. Alors, bien sûr, on sauvera toujours les meubles en proposant des connaissances, en donnant aux correcteurs quelques biscuits à grignoter. Il n'empêche, on ne réussira pas un bon devoir, ni tout simplement à avoir la moyenne, si on fait du hors-sujet ou bien de la récitation de cours : si on n'a pas donné sa chance au sujet.

*R. E.* : C'est-à-dire si on ne construit pas une problématique que l'on garde d'une façon quasi obsessionnelle en tête, jusqu'au moment d'y répondre en conclusion ?

*P. S.* : Oui, il faut tenir la problématique jusqu'au bout, y répondre tout au long du devoir. Certes, la conclusion donne, de façon synthétique, une réponse définitive. Mais, même dans le développement, c'est-à-dire en première, deuxième, troisième partie (si on fait bien trois parties), on traite des problèmes posés par le sujet. En règle générale, un plan, c'est deux, trois ou quatre parties. Mieux vaut conseiller trois parties, ce qui paraît le plus équilibré ; mais à la condition qu'on ne tombe pas dans le fameux et affreux « thèse, antithèse, synthèse ».

*R. E.* : « Thèse, antithèse, foutaise. » On le cite toujours...

*P. S.* : Du coup, on a souvent des plans binaires. Premièrement : oui, la vérité est préférable. Deuxièmement : non, en fait, c'est l'illusion... Et, éventuellement, troisièmement : ce qui est préférable, c'est un peu des deux...

*R. E.* : Ça détermine la construction du plan. Le plan ne se fait pas par addition. On ne fait pas le catalogue dans une première partie de tous les arguments en faveur d'une position, puis le catalogue des arguments en défaveur de cette position, puis une espèce de catalogue synthétique qui réconcilierait les deux, ça ne marche pas comme ça...

*P. S.* : Non. Ce ne serait pas « mal faire » que de procéder ainsi, mais ce serait une erreur d'un point de vue logique. C'est une question de logique, non de morale. En effet, si l'on procède ainsi, on va d'abord caricaturer une position dans une première partie, puis, dans la deuxième, tout l'inverse de ce qu'on a dit dans la première, pour, dans une troisième, finalement dire : en fait, il y avait un peu de vérité dans la première et la deuxième parties. Or, il faut qu'en première partie comme en deuxième on défende quelque chose. À chaque fois, dans chaque nouvelle partie, il y aura quelque chose comme un dépassement, une rectification, il s'agira de jeter un nouvel éclairage sur le sujet. Mais on ne peut pas faire : première partie, j'affirme que Dieu n'existe pas ; deuxième partie, j'affirme qu'il existe ; et troisième partie (la synthèse), j'affirme : « Ça dépend, oui et non, un peu des deux. » Si un élève arrive à se débarrasser de ce mauvais réflexe, il aura accompli un grand pas : il sera obligé de trouver autre chose, et cela lui permettra de faire la différence, le jour de l'examen, par rapport à la masse des problématiques qui se réduiront à ce genre de plan factice.

*R. E.* : Sortons, donc, du plan binaire et rentrons dans le vif du sujet. On a vu quel était le bon réflexe à avoir face à un sujet comme celui-là. Maintenant, comment, à partir de l'analyse des termes, va-t-on construire une problématique ?

*P. S.* : Un tel sujet propose un certain nombre de termes à analyser : la « vérité », qui « dérange », « l'illusion », qui « réconforte ». En général, pour bien problématiser un sujet, il ne faut pas seulement se contenter des notions majeures – la vérité *versus* l'illusion – mais aussi être attentif aux petits mots, aux notions mineures, qui peuvent faire la différence. Ici, j'essaierais de problématiser le sujet à partir du « préférable », en me demandant : comment préférer, à quelles conditions une préférence est-elle possible ?

Il serait temps de donner une première définition de l'illusion et de la vérité. La vérité, c'est le fait qu'une parole, un discours ou une pensée soit en conformité avec la réalité. C'est une première définition basique, on pourrait la raffiner, mais on se contentera de ça comme définition préliminaire.

*R. E.* : En somme, il y a, d'un côté, une illusion consciente d'elle-même et, de l'autre côté, une vérité qui se contente de dire ce qui est ?

*P. S.* : Soit. Mais l'illusion, qu'est-ce que c'est ? Définissons-la comme une fausse apparence, une apparence qui ne correspond pas à la réalité, une définition en première approche de l'illusion. Mais on peut être plus ou moins dans l'illusion... Parfois on y est complètement. Et, dans ce cas-là, on peut se demander : est-ce que le sujet a encore une pertinence si on est complètement dans l'illusion ? Parce qu'on ne peut pas préférer autre chose : celui qui est dans l'illusion ne le sait pas, il prend ses désirs pour la réalité, mais il ne le sait pas. Donc le sujet n'est possible que pour quelqu'un qui est dans l'illusion, mais qui soupçonne que ce n'est peut-être pas tout à fait la vérité.

*R. E.* : Et il y aurait un réconfort à la vérité peut-être, mais cela on le verra plus tard, avec vous, Pascal Séverac. Alors résumons toutes ces considérations – puisqu'on débroussaille le sujet, l'analyse des termes –, résumons ces considérations, peut-être en une question qui nous servirait de fil conducteur. Vous proposeriez quoi ? De reprendre, par exemple, l'intitulé du sujet ? On a aussi le droit de faire ça, pour obtenir une problématique. Quand l'intitulé du sujet est clair, comme c'est le cas ici.

*P. S.* : Il nous faut en effet construire un cœur de problématique, une question centrale qui peut se subdiviser en deux ou trois questions, qui seront justement les questions que traitera chacune des parties. Tout simplement, mon cœur de problématique, ce serait : à quelles conditions peut-on préférer l'illusion à la vérité, ou la vérité à l'illusion ? À quelles conditions, selon quels critères, est-il véritablement « possible » de préférer l'une à l'autre ? Préférer, cela veut dire porter quelque chose au-dessus, faire passer quelque chose avant autre chose. Mais selon quel critère allons-nous faire passer la vérité devant l'illusion, ou l'inverse ?

Là, on pourrait préciser, dès l'intro, qu'il peut y avoir au moins deux critères : un critère moral, entendu du point de vue d'une morale des principes : il y a ce qui est bien, ce qui vaut absolument. Et, de ce point de vue, la vérité est sans doute toujours meilleure que l'illusion. Parce que la vérité serait du côté du bien, et que ce qui n'est pas la vérité (la fausseté, l'illusion) serait du côté du moins bien, voire du mal. Et puis il y a peut-être, derrière ou à côté...

*R. E.* : ... un critère existentiel.

*P. S.* : Oui, un critère existentiel, exactement. Cela peut être le critère du plaisir, le critère de la conservation de soi ou, mieux, le critère de l'affirmation de sa puissance...

*R. E.* : ... de la joie...

*P. S.* : ... de la joie, oui. Si on cherche la joie, on pourra donner sa préférence à l'illusion, parce que l'illusion qui réconforte est une illusion productrice de joie, d'un soulagement. Et donc on pourra défendre la position de l'illusion qui, en philosophie, a ses défenseurs, mais qui, immédiatement, pour le sens commun du moins, est moins défendable que la position de la vérité. On pourra défendre la position de l'illusion si on montre que ce que recherche un être vivant, ce n'est pas seulement la vérité : il n'est pas seulement poussé par une volonté de vérité, il est mû aussi par une volonté de se conserver, ou même, par une volonté de puissance, une volonté d'affirmation de son être dans la joie.

*R. E.* : On a bien compris que la problématique c'est la question des critères de préférence. On peut préférer l'illusion qui réconforte à la vérité qui dérange. Vous avez posé deux critères : le critère moral et le critère existentiel. C'est en faisant jouer ces deux critères qu'il va falloir construire un plan. Une toute petite question : il n'est pas nécessaire, pour un élève, au terme de son introduction, d'annoncer son plan. Est-ce que l'intitulé de la problématique ne suffit pas ?

*P. S.* : Ce que je conseille aux élèves, si jamais ils n'annoncent pas leur plan, c'est de poser des questions qui annoncent quel problème sera traité dans chacune des parties. Il faut donc d'abord élaborer un cœur de problématique, qui peut ensuite se subdiviser en deux ou trois questions, qui vont montrer les orientations du développement, et cela pour qu'on ne leur fasse pas le reproche de n'avoir pas annoncé leur plan. Mais ce qui compte, c'est vraiment de construire son devoir, c'est-à-dire son développement, ce qui vient après l'introduction. Si on a une construction, le plan apparaîtra.

*R. E.* : Il faut le dire aux élèves : n'ayez pas peur de vous répéter. D'annoncer le plan et de revenir dessus ensuite.

*P. S.* : Oui, j'avais un collègue qui avait une bonne formule pour dire cela : « Il faut peindre l'échafaudage en rouge. » En d'autres termes, il faut qu'à maintes reprises il y ait des signaux envoyés au correcteur, qui disent : « J'en suis là, je vais là. »

*R. E.* : Il faut tenir le correcteur par la main, en somme. Il a plein de copies à corriger, il est de mauvaise humeur, il en a marre, il a mal à la tête... Une copie qui le tient par la main est une copie qu'il accueillera plus favorablement.

*P. S.* : Mais plus que de faire du méta-discours ou des périphrases du genre « j'ai dit ceci, maintenant je vais dire cela », le mieux, surtout quand on passe d'une partie à une autre, c'est de poser une question, ou de synthétiser. Il faut que les liaisons soient logiques plus que rhétoriques. Donc, ne pas dire : « Maintenant, j'arrive à ma deuxième partie », parce que ça se voit : on va sauter une ligne ou deux. Mais plutôt formuler une question, juste avant de faire une petite synthèse. Montrer ce qu'il peut y avoir d'insuffisant ou de partiel dans ce qu'on vient de dire...

*R. E.* : ... ce qui justifie que l'on infléchisse ses points de vue.

*P. S.* : Voilà. Ce qui fait qu'on se dit : « il est logique d'aller dans une nouvelle direction. »

*R. E.* : Alors, on a construit la problématique, on a l'introduction, on a les principes de l'introduction, la méthode et la façon de faire. Donc allons maintenant dans le vif du sujet ou le cœur du devoir, c'est-à-dire son début, c'est-à-dire le plan, c'est-à-dire la première partie.

*P. S.* : La première partie ne doit pas uniquement être thématique, c'est-à-dire tourner autour d'un thème, il faut qu'elle soit aussi problématique, c'est-à-dire qu'elle tourne autour d'un problème. Si elle n'était que thématique, je dirais qu'elle peut partir du point de vue de celui qui est extérieur à l'illusion et à la vérité, et qui peut soit communiquer une vérité à autrui, soit le jeter dans l'illusion.

*R. E.* : Par exemple ?

*P. S.* : Par exemple un médecin, qui connaît une certaine vérité sur la pathologie de son patient peut soit lui dire la vérité, même si elle est parfois très dérangeante, soit décider de la contrefaire, de la déformer, de la masquer et essayer de produire en l'autre une illusion qui sera apaisante. Le problème alors est : doit-il être absolument moral, et ne dire que la vérité, ou peut-il être pragmatique, et user du mensonge pour produire une illusion réconfortante ?

*R. E.* : C'est-à-dire : un médecin qui est attentif à l'état de santé de son patient, qui sait la place que prend la psychologie dans le traitement d'une maladie et qui est face à un homme qui a un cancer, doit-il lui dire qu'il a un cancer, ou non ? En termes non pas moraux ici, mais en termes d'efficacité stricte. Est-ce que ce n'est pas contre-productif, pour le traitement lui-même, que de lui dire la vérité ?

*P. S.* : Exactement ; on pourrait dire : la foi sauve, elle aussi. Et le fait d'y croire, de croire en une rémission possible, contribue en partie, surtout si on ne sépare pas complètement le corps et l'esprit, au rétablissement de la santé. En tout cas, on sait très bien que quelqu'un qui est désespéré, qui ne croit pas du tout en sa guérison, a quand même moins de chances de guérir que quelqu'un qui y croit. Maintenant, il est certain que le simple fait d'y croire ne suffit pas.

*R. E.* : Revenons là-dessus. Si on ne dissocie pas le corps et l'esprit, si on est dans une logique, comme son nom l'indique, psychosomatique, qui mêle l'esprit et le corps, une logique spinoziste – l'esprit n'est qu'une idée du corps, et réciproquement, pourrait-on dire –, donc, cette logique psychosomatique implique qu'on ré-évalue l'illusion, éventuellement aux dépens de la vérité, et peut-être pour une vérité supérieure, qui serait celle de la guérison. Restons sur l'exemple du malade, un instant.

*P. S.* : Tout à fait… En même temps, il faut qu'on ait à l'esprit nos deux critères : critère moral et critère existentiel ; critère du principe et critère, disons, des conséquences. Est-ce que j'adopte une position de principe quand je suis médecin, et je me dis alors…

*R. E.* : « La vérité, rien que la vérité »…

*P. S.* : « La vérité, rien que la vérité, il a le droit à la vérité, c'est une vérité qui le concerne intimement, qui concerne sa vie, qui concerne sa mort. Je n'ai pas le droit de masquer quoi que ce soit de ce que je sais, je dis la vérité – avec ménagement certes : il ne s'agit pas d'être brutal –, mais je dis tout ce que je sais, tout ce que je peux savoir de cette pathologie. » Ou bien, est-ce que j'adopte un critère plus existentiel, et je me dis : « Qu'est-ce que je dois dire, en fonction des conséquences que cela peut avoir chez le patient que j'ai en face de moi ? Est-ce qu'il a les épaules assez larges pour supporter l'annonce d'un cancer, qui peut signifier trois à six mois de vie statistiquement ? Est-ce que je ne dois pas cacher certaines choses ? » Ce calcul des conséquences, il peut d'ailleurs être fait de manière égoïste. Le médecin peut se dire : « Si je ne dis pas la vérité, qu'est-ce qui va m'arriver ? Est-ce que je ne vais pas avoir des reproches, des ennuis, un procès sur le dos ? » Dans ce cas, c'est un calcul des conséquences existentielles où seulement son propre intérêt est pris en compte. Et peut-être va-t-il préférer dire la vérité, non pas par moralité, non pas parce que c'est un principe et qu'on ne transige pas avec les principes, mais simplement…

*R. E.* : pour qu'on ne puisse pas lui reprocher de ne pas l'avoir fait.

*P. S.* : Exactement. Pour ne pas en subir les conséquences nuisibles. Mais le médecin peut aussi prendre en compte l'intérêt du patient – et d'ailleurs, dans la réalité, tout est pris en compte, tout se mélange un peu. Quelqu'un qui ne part pas du principe absolu qu'il faut dire la vérité va essayer de ménager l'autre dans l'illusion, il va peut-être un peu lui dire la vérité, mais il va prendre en compte son propre intérêt. S'il pense que le patient peut supporter cette vérité un peu dure, voire carrément affreuse, il va sans doute la lui communiquer. Mais peut-être misera-t-il sur le fait que, psychologiquement, ce n'est pas la meilleure chose à faire.

*R. E.* : Si on est dans le calcul des conséquences, ce n'est pas un hasard que vous parliez de médecine, puisque que c'est une science dont, depuis Aristote, on sait qu'elle ne relève pas de la raison pure : on sait qu'elle relève de l'intuition, d'un art, même d'une forme de prudence, c'est-à-dire d'une façon de s'adapter aux circonstances. Mais quand on n'est pas en présence d'une science exacte, est-ce qu'il faut dire que l'illusion qui réconforte est préférable à la vérité qui dérange ? Deux exemples très simples : l'économie et la politique. Est-ce qu'un ministre du Budget a tout intérêt à grossir les chiffres prévisionnels de la croissance, pour stimuler les investisseurs, pour leur dire : « Allez-y en confiance » ? C'est-à-dire à mentir, en toute connaissance de cause, pour développer un investissement, et peut-être réaliser, ou plus exactement avérer ce qui, au départ, était un mensonge ? Numéro un. Et deuxièmement : est-ce qu'un homme politique n'a pas tout intérêt à dire aux gens : « Ne vous inquiétez pas, tout va bien, tout est sous contrôle » ?

*P. S.* : Il a sans doute tout intérêt, pour lui, à dire ces choses ; mais est-ce là tout l'intérêt de la collectivité ?

*R. E.* : C'était ma question.

*P. S.* : C'est une vraie question. En même temps, il se trouve qu'il n'a pas affaire seulement à une masse d'imbéciles et d'abrutis, qui prennent au premier degré tout ce qui leur est dit. Et c'est même le cas aussi du patient. Le patient a Internet à sa disposition. L'électeur ou le citoyen a les médias à disposition. Il faut donc que le calcul du médecin ou du politique soit assez subtil. Parce que s'il dit : « Tout va bien, investissez, croyez en l'avenir », et qu'un tel discours est démenti par les échos qui viennent de l'extérieur, il aura perdu toute crédibilité. Mais en effet, il ne faut pas non plus qu'il désespère complètement les troupes. Il doit jouer avec les affects de la multitude, comme dirait Spinoza.

*R. E.* : C'était le sens de ma question. Dans la préface au *Traité théologico-politique*, il y a peut-être un texte qui trouverait sa place ici.

*P. S.* : Oui.

*R. E.* : Spinoza explique que la religion n'est pas une théorie de la connaissance, qu'il ne faut pas les confondre, que l'espoir ou la crainte ne sont pas des valeurs sûres, mais que ce sont des valeurs stables. C'est-à-dire : comme on ne peut pas obtenir de tout le monde qu'il vive selon les lois de la raison, peut-être vaut-il mieux que les hommes commettent des péchés, mais en suivant l'espoir ou la crainte. Peut-être est-ce la meilleure façon de domestiquer la multitude, de la dompter... Spinoza reprend une formule qui ressemble à celle-ci : peut-être la meilleure façon de le faire, c'est de proposer des institutions, des morales absolues, bref ce qui relève de l'illusion et non pas de la vérité, de la connaissance, mais qui serait à la hauteur du peuple.

*P. S.* : Spinoza dirait qu'il faut jouer avec ces « ressorts psychologiques ». J'use à dessein de cette expression puisqu'en cours, en ce moment, on est en train de travailler sur la liberté et sur le respect de la liberté d'autrui : qu'est-ce qui fait que la coexistence commune est possible, et même qu'on peut dire qu'un groupe va de l'avant ? C'est avant tout la peur du châtiment, ou l'espoir de la récompense. Donc, il faut jouer sur ce couple espoir-crainte, parce qu'on ne peut pas parier seulement sur la rationalité de la multitude. On doit avant tout compter sur ces sentiments que sont l'espoir et la crainte, parce que c'est à travers ces affects-là que l'on vit, que la vie réelle se fait. Spinoza précise toutefois : une multitude qui est gouvernée par l'espoir est plus libre que celle qui est gouvernée par la crainte. Donc celle qui vit dans la peur du pouvoir, dans le sentiment de l'insécurité, dans la crainte de l'avenir, sera toujours moins puissante – et du coup, son chef aussi sera moins puissant – que la multitude qui est renforcée par la joie qui est propre à l'espoir. Mieux vaut alors la gouverner par l'espoir que par la crainte. La crainte peut en effet donner des mouvements de violence. Et Spinoza était très réservé sur la question de la révolution, sur la question du renversement du pouvoir, etc.

Donc, s'il y a une illusion à entretenir, c'est l'illusion – de toute façon, c'est à celle-là qu'on croira le plus – qui réconforte, justement. Dire la vérité, prévient Pascal, et cela vaut éminemment en politique, peut à la rigueur être parfois utile à ceux à qui on la dit, mais est toujours nuisible à celui qui la dit.

*R. E.* : Dans son discours de Riyad, le président de la République, Nicolas Sarkozy, a dit : « L'intérêt de la République est qu'il y ait beaucoup d'hommes et de femmes qui espèrent. » Est-ce que c'est une phrase que Spinoza pourrait reprendre à son compte ?

*P. S.* : Il pourrait la reprendre, en effet...

*R. E.* : Au motif justement que l'espoir permet de bien se tenir.

*P. S.* : Oui, tout à fait.

*R. E.* : Au motif que l'espoir est l'alibi de la résignation. Ça permet précisément, non pas la révolution, mais bien au contraire, que les passions s'expriment, et surtout que les individus se tiennent bien, puisqu'ils sont mus par l'espoir.

*P. S.* : Quitte à être mû par une passion, mieux vaut en effet l'espoir que la crainte. Ce qu'on peut objecter cependant c'est que, de la part d'un président démocrate, on peut aussi attendre qu'il mise sur l'espoir en la raison. Car derrière cet espoir dont a parlé le président, il n'y avait pas seulement un espoir, disons, laïque, un espoir politique. Il y a aussi l'idée que ce qui nous fait espérer c'est avant tout la religion. Ce discours de Riyad était là pour dire qu'il faut une laïcité ouverte – et la formule est tout à fait acceptable. Une laïcité ouverte parce qu'elle doit être ouverte à la religion, qui entretient l'espoir. Or, justement, on est là dans un nœud de problèmes : car la religion fait espérer, mais en un au-delà, en un royaume des cieux ; elle ne fait pas espérer en un avenir qui ne dépendrait que de nous ; et, pour cela, la religion cultive souvent l'ignorance. Du coup, on voit quel intérêt peut avoir une politique, impuissante à modifier notre monde, à s'appuyer sur une religion qui fait espérer un autre monde, plus réconfortant.

*R. E.* : Dans la perspective que l'on développe, est-ce qu'on ne sous-entend pas que la religion relève de l'illusion, alors que la religion, dans cette perspective-là, est une illusion qui se prendrait pour la vérité ? C'est le premier point. Deuxième point : qu'est-ce qui, de toutes les remarques que l'on vient de faire, conduit à la nécessité d'infléchir notre propos et donc de passer à une deuxième partie ?

*P. S.* : Disons que, dans cette première partie, on s'est posé la question de savoir ce qui devait nous déterminer : un critère absolument moral ou un calcul de conséquences ? Il faudrait, je pense, insister à la fin de cette première partie sur le fait que, sans avoir à renoncer à la vérité, sans avoir à renoncer à la raison, il faut quand même prendre en compte les puissances de l'imagination et les puissances de l'illusion. Et la religion, en ce sens, a cette puissance, car elle use des affects, crainte et espoir, qui entretiennent l'illusion. Ma deuxième partie jouerait donc sur le fait que cette puissance de l'illusion a un effet d'entraînement, ce qui peut nous amener à la revaloriser, parce qu'elle permet de mener une vie qui est tournée vers ces renforcements de puissance.

Soyons moins abstrait… Tout simplement, dans ma deuxième partie il y aurait cette idée qu'il faut dépasser la stricte opposition entre vérité et illusion. Autrement dit, que l'illusion n'est pas le simple contraire de la vérité et que l'illusion, en somme, est le fond de l'affaire.

*R. E.* : Dans cette première partie, nous avons développé un certain nombre d'arguments en faveur d'une réponse positive à la question que pose le sujet. Nous avons parlé de médecine, de politique, d'économie, d'utilisation également de l'institution religieuse. Institution religieuse qui est souvent défendue par ceux qui refusent de faire de la religion, justement, une théorie de la connaissance, au motif que l'illusion peut avoir des vertus sociales. Nous avons parlé de Spinoza, et on va rester sur cet auteur. Vous proposez pour la deuxième partie, Pascal Séverac, que l'illusion soit, en somme, le fond de l'affaire. Est-ce à dire que, comme le prétend Spinoza, l'illusion n'est pas un « déni », mais un « début » de connaissance, et qu'en somme il ne s'agirait pas d'opposer l'illusion et la vérité, mais peut-être de faire « partir » la vérité de l'illusion elle-même ?

*P. S.* : En effet, une illusion n'est pas une pure négativité. L'illusion n'est pas seulement l'absence de la vérité, c'est déjà quelque chose, c'est déjà une certaine manière de connaître, d'appréhender la réalité, et c'est peut-être dans l'illusion que chacun se meut en premier. L'enfance, on le sait bien, est l'âge où les histoires marchent bien, c'est l'âge des mythes, des récits auxquels on adhère pleinement. Si on aime tant les fictions dans la vie, si on aime aller au cinéma et y croire à fond, tout en sachant que c'est un film, c'est qu'il y a une puissance, une vertu de l'illusion. Spinoza dirait d'ailleurs : l'imagination, source d'illusion, est positivité et puissance, surtout si on sait que c'est de l'imagination et de l'illusion.

*R. E.* : Il prend l'exemple du soleil. Rappelons-le, car c'est un exemple magnifique et limpide, pour le coup.

*P. S.* : Il nous dit : on voit le soleil tourner autour de la Terre ; du moins je le vois se lever le matin et se coucher le soir. Il y a une positivité de cette imagination.

*R. E.* : Une boule jaune à deux cents pieds de moi...

*P. S.* : Une boule jaune à deux cents pieds de moi : c'est comme ça que je me représente le soleil. Et le plus grand astrophysicien, qui connaît la réalité du système solaire, qui connaît, comme dirait Spinoza, le rapport de mouvement et de repos entre ces différents corps célestes que sont le Soleil, la Terre et l'observateur sur cette Terre, continue quand même à se réjouir de voir un coucher de soleil. Donc il y a une positivité...

*R. E.* : La connaissance de la vérité ne dissout pas, ne dilue pas l'illusion...

*P. S.* : Exactement, ça ne détruit pas l'illusion, parce que l'illusion, ce n'est pas que du néant. C'est aussi la positivité d'une forme de représentation, d'une manière d'être au monde, d'une certaine approche de la réalité, qu'on doit défendre. Surtout si elle est source de joie.

*R. E.* : Donc il s'agit ici de ne pas opposer l'illusion à la vérité, mais de travailler la notion d'illusion, de manière à finalement réconcilier les deux termes. Il parlerait de vérité partielle, à propos de l'illusion...

*P. S.* : ... de vérité partielle, en effet, d'idée inadéquate. C'est-à-dire tronquée, partielle. Quand on est dans l'idée inadéquate, on voit un certain aspect de la réalité mais qui en lui-même est purement, intrinsèquement, positif. Il n'y a rien à enlever. Il y aurait plutôt à ajouter, à compléter. Il y aurait plutôt à comprendre pourquoi on voit cette chose comme ça, justement : voilà ce que signifie avoir une idée qui n'est pas tronquée, une idée adéquate.

*R. E.* : Il faut avoir une idée adéquate de la raison pour laquelle on a une idée inadéquate…

*P. S.* : Exactement. Qu'est-ce que c'est la vérité ? C'est comprendre pourquoi on est d'abord dans l'illusion, en somme. Et cette compréhension ne dissout pas forcément l'illusion. Cela fait juste qu'on a cette pensée de derrière, comme dirait Pascal, qui fait qu'on est dans l'illusion, mais qu'on peut en jouer. Rappelons que l'illusion vient du latin *ludere*, qui a donné « ludique », « ludothèque », et qui signifie « jouer ». L'illusion est donc ce qui se joue de nous ; mais justement, quand on a un rapport plus actif à l'illusion, c'est ce avec quoi on peut jouer. Et c'est pour ça qu'on aime « jouer » avec les illusions : qu'il s'agisse du spectacle de magie ou du cinéma, et même plus généralement du récit, de soi ou d'autrui, récit qu'on aime à lire ou qu'on aime à raconter.

*R. E.* : Là encore, Pascal Séverac, j'ai envie de vous proposer l'interprétation politique. Si on est dans le cadre d'une démocratie, tout va bien. Si on est dans le cadre d'une dictature où on a un tyran qui se divinise lui-même et qui impose à son peuple de le regarder comme un dieu, aucun des individus de ce peuple n'ignore qu'il n'est pas un dieu. Tout le monde sait que Mussolini est un homme comme les autres. Et pourtant, à quoi tient le fait que certains acceptent de jouer le jeu ? À quoi tient ce jeu, non pas de la servitude, mais peut-être est-ce la même chose, ce jeu de l'illusion volontaire ?

*P. S.* : Là je crois qu'on est au cœur de la chose. Dans l'illusion, on n'est pas seulement un sujet passif, qui « subit » une situation. On est aussi un sujet actif qui participe, qui élabore, qui désire. Freud dirait qu'il n'y a pas d'illusion sans désir, sans désir de croire notamment. Sans doute chaque homme est-il porté par un désir de vérité, mais il a aussi, et même surtout, le désir de croire, le désir de se reposer en certaines représentations, surtout dans celles qui permettent une certaine affirmation de sa propre vie, de sa propre existence. Donc, en effet, on sait très bien que ni Staline, ni d'autres, ne sont absolument des dieux sur Terre. Ou même des « petits pères des peuples ». Mais, symboliquement, il y a un réconfort à le croire. Il y a un désir. Il existe un très beau film sur cette question du désir dans l'illusion, c'est *Vertigo* de Hitchcock. *Sueurs froides* en français. C'est un film de 1958.

*R. E.* : Sur le vertige...

*P. S.* : Sur le vertige, oui. Le vertige, c'est d'abord celui qu'éprouve James Stewart, qui joue le rôle de Scottie. Scottie est un policier à la retraite, un policier qui a été sorti du rang parce que, justement, il avait ces vertiges qui l'empêchaient de mener à bien son travail. Il est alors engagé par une ancienne connaissance, un homme qui lui demande de surveiller sa femme. Pourquoi ? Parce qu'il la soupçonne d'être folle. Or, dans son enquête, Scottie tombe éperdument amoureux de cette femme, qui s'appelle Madeleine, jouée par Kim Novak. L'histoire est assez compliquée : cette femme...

*R. E.* : Madeleine n'est pas Madeleine...

*P. S.* : Madeleine n'est pas Madeleine. Scottie est trompé (et le spectateur également) parce qu'il a affaire à une femme qui se fait passer pour Madeleine : elle a été engagée par le mari, dont on saura en fait plus tard qu'il a déjà trucidé sa vraie femme.

*R. E.* : De sorte que Scottie tombe amoureux de l'illusion de Madeleine...

*P. S.* : Il tombe amoureux de l'illusion de Madeleine, en effet. Madeleine est censée être suicidaire, ou un peu folle. Il y a un très beau passage – c'est pour ça qu'il faut voir le film en anglais – où Madeleine lui dit : « *I'm not mad*, Je ne suis pas folle. » En fait, elle lui dit également, mais il faut savoir l'entendre : « Je ne suis pas Mad (Mad est le diminutif de Madeleine) ; Je ne suis pas Madeleine. » Mais, bien sûr, Scottie n'entend pas. Il n'entend pas parce que ce qu'il ne veut pas entendre...

*R. E.* : ... il est amoureux de son illusion.

*P. S.* : Oui. Et ce qui complique l'affaire, c'est que cette femme aussi va tomber amoureuse : elle tombe amoureuse de Scottie, à qui pourtant elle ment. Plus tard, alors que Scottie tente de poursuivre Madeleine dans l'escalier d'un clocher, il assiste, impuissant, au suicide de Madeleine. On apprendra en vérité qu'il s'agit là encore d'une illusion : le mari en fait a jeté du haut du clocher le corps sans vie de sa vraie femme, et Madeleine, ou du moins celle qui se faisait passer pour Madeleine, est restée cachée auprès de lui. Scottie, lui, n'a pu arriver jusqu'au sommet du clocher, et c'était le calcul du mari qui avait parié sur son vertige : le mari voulait faire de Scottie le témoin malheureux du suicide de sa femme, qu'il avait en vérité déjà assassinée. Beau maquillage d'un meurtre en suicide ! Scottie, le policier amoureux (et le spectateur avec lui), assiste ainsi à ce qui est à ses yeux le suicide de celle qu'il aime. Il tombe alors bien évidemment dans une dépression carabinée...

*R. E.* : ... de sorte qu'il assiste ensuite à la résurrection de celle qu'il croyait morte.

*P. S.* : Ce film est tiré d'un roman de Boileau-Narcejac qui s'appelle *D'entre les morts*. *Vertigo* est donc vraiment un film sur les morts-vivants. Évidemment, pas tout à fait avec d'affreux jojos qui viennent nous mordre et nous manger, pour nous réduire à leur condition... Mais on n'en est pas si éloigné : Madeleine est à la fois morte pour Scottie, mais complètement vivante dans son souvenir, au point qu'il la voit partout : il se promène dans la rue, il entre dans un restaurant, et il croit reconnaître Madeleine à chaque fois. Jusqu'au moment où il tombe sur elle, c'est-à-dire sur celle qui se faisait passer pour Madeleine, elle qui avait été payée par le mari, qui a dû être son amante, mais qui se retrouve désormais seule, à faire un petit boulot, et qui surtout n'a plus du tout, bien sûr, le *look* de Madeleine : autant Madeleine était éthérée, autant la nouvelle est aguicheuse ; autant Madeleine était blonde, et en retrait, autant celle-ci est rousse, et très maquillée. Ce n'est plus du tout la même femme. Et pourtant le spectateur se dit, parce qu'à ce stade il ne sait pas encore le fin mot de l'histoire : « Tiens, c'est troublant, en effet. Est-ce que Scottie "projette" sur elle, est-ce qu'il est encore dans cette illusion réconfortante qui consiste à retrouver celle qu'il a aimée, et qui est morte, dans une personne vivante ? Ou est-ce qu'il... ? » Vraiment, c'est très troublant...

*R. E.* : En fait, c'est parce qu'il est paranoïaque et qu'il croit la voir partout, qu'il finit par la retrouver pour de vrai.

*P. S.* : Peut-être, en effet : cette illusion fait qu'il va retrouver d'une certaine manière la vérité. Et elle est toujours amoureuse de Scottie, même si elle n'espérait plus le revoir. Or Scottie, que veut-il, lui ? Il veut retrouver Madeleine en elle, il veut la reconfigurer en Madeleine, c'est-à-dire changer ses vêtements, changer sa coiffure, pour faire revivre Madeleine qu'il pense être morte. Au début, elle a quelques réticences, mais elle aussi se prend au jeu de cette illusion. Pourquoi ? Parce que c'est au fond le jeu de l'amour, le jeu des illusions amoureuses et leur vertige. Elle sait qu'elle ne pourra reconquérir ce policier, qui est amoureux d'elle, que si elle se retrouve en Madeleine.

*R. E.* : On comprend ici, à vous entendre, à quel point Hitchcock, par exemple, est aussi pertinent que Platon, à condition de bien le travailler. Dans une dissertation de philosophie, en somme, il n'y a pas d'exemples plus ou moins nobles : l'essentiel est la façon de les traiter.

On a vu en quoi l'illusion pouvait être le fond de l'affaire et en quoi, paradoxalement, par le biais de l'illusion qui réconforte, on pouvait en venir à une vérité, non pas qui dérange, mais qui réconforte. Alors je voudrais savoir : est-ce là ce qui justifie qu'on en vienne à l'examen, cette fois-ci, de la question de savoir dans quelle mesure l'illusion ne dérange pas et la vérité ne réconforte pas ? Essayons d'inverser les termes. Rappelons que le sujet c'est : « En quoi l'illusion qui "réconforte" est-elle préférable à la vérité qui "dérange" ? » Ici, on en viendrait à dire que l'illusion dérange, et que la vérité réconforte.

*P. S.* : Disons que cette illusion « avec *vertigo* », pourrait-on dire, arrange, jusqu'au moment où on est face à la réalité. Lorsqu'on se satisfait d'une illusion il faudrait faire le pari que l'illusion est éternelle, qu'elle a la même éternité que la vérité. Et c'est là qu'on sent bien ce qui ne va pas. C'est pour ça qu'on n'aime pas qu'on nous mente, qu'on n'aime pas être trop longtemps dans une illusion. Parce que cette illusion peut se retourner, on peut en voir l'envers. Et alors, plus dure sera la chute. Est-ce qu'il ne fallait pas en passer par la dureté de la vérité, qui est un passage obligé, pour arriver à quelque chose de plus stable ? Arriver à une certaine sérénité grâce à la vérité, plutôt que se faire de faux espoirs ? Que ce soit le patient à qui on ment, que ce soit Scottie qui délire sur celle qui revient d'entre les morts, à chaque fois la chute est très dure – dans *Vertigo,* c'est le cas de le dire. Et qu'est-ce que cela signifie ? Cela signifie que, même du point de vue du critère du plaisir, le jeu de la vérité en vaut la chandelle, la vérité doit être recherchée ou communiquée jusqu'au bout. Non pas parce qu'il y aurait un devoir moral de vérité, mais parce que, y compris du point de vue existentiel, c'est celle-ci qui peut nous réconforter le plus.

*R. E.* : En somme, le critère existentiel l'emporte ici sur le critère moral, dans le choix de la vérité contre l'illusion. C'est au nom d'un mieux être qu'il faut favoriser la vérité plutôt que l'illusion. Quels exemples donneriez-vous à l'appui de cette ultime thèse ?

*P. S.* : Des exemples, on pourrait en trouver dans le quotidien, sur le fait que la déception est d'autant plus grande qu'on s'est « fait des films », comme on dit. Souvent, quand vous posez directement la question aux élèves, ils vous disent : « Non, moi je préfère qu'on me dise tout de suite la vérité, je ne veux pas être bercé d'illusions. » Pourquoi ne veut-on pas être bercé d'illusions ? Parce qu'on pense à l'après. Il faudrait que l'illusion subsiste, car si elle ne subsiste pas, c'est très cruel. Au fond, dans la vie, spontanément nous « croyons », nous croyons ce qui nous arrange, parce que nous désirons croire, parce que nous désirons les plaisirs que nous apporte la croyance. Mais si nous sommes mis dans la position de choisir entre une fausse croyance (une illusion) et une vérité nous concernant, alors nous ne supportons pas le désagrément d'être bernés, d'être trompés. C'est pourquoi je ferais ce pari sur la vérité dans ma troisième partie.

*R. E.* : Et pourtant, vous n'« enrobez » la vérité d'aucune saveur. Il n'y a pas de bien, la vérité est âpre, elle est difficile, elle est douloureuse à entendre. Vous ne dissimulez aucune des difficultés de la vérité. Il ne s'agit pas de maquiller la vérité, puisqu'on retomberait dans l'illusion à ce moment-là. Et pourtant, vous la choisissez. Le problème reste entier quand même...

*P. S.* : Non, parce que je distinguerais peut-être ce « sur quoi » porte la vérité et « ce qu'elle nous apporte ». Ce

« sur quoi », elle porte, c'est souvent quelque chose de dur. Sinon, on la connaîtrait d'emblée, on n'aurait pas besoin qu'on nous la dise, ou qu'on la cherche. Une vérité sur nous-mêmes, ce n'est jamais agréable à entendre. Ce n'est jamais agréable dans son contenu. Mais, en même temps, la vérité, c'est ce avec quoi, plus tard, on pourra jouer, ce avec quoi on pourra presque rire, ce avec quoi on aura une certaine forme de maîtrise et de distance. Et « ce qu'elle apporte » donne beaucoup plus de puissance que la tristesse sur quoi elle porte, justement. C'est vrai qu'une vérité est âpre. Il ne faut pas se cacher le fait que les véritables vérités – vérité sur soi-même, vérité sur son entourage, vérité même sur l'existence – sont souvent des désillusions, qui sont dures à entendre, qui font souffrir. Mais, en même temps, elles augmentent la puissance de penser, elles accroissent la puissance d'être.

*R. E.* : C'est là qu'on en vient à un problème. On a vu tout à l'heure que l'espoir et la crainte n'étaient pas du tout hors sujet en cette matière. Ici il y a un autre thème qui doit intervenir, qui n'est pas non plus hors sujet : c'est la question de la joie. Il y a la joie évidemment que nous apporte l'illusion. Il y a aussi la joie de la vérité pour elle-même.

*P. S.* : C'est un vrai problème, oui : pourquoi préférer une joie qui est produite par la vérité plutôt qu'une joie qui est produite par l'illusion ? Si, comme le fait Spinoza, on prend la joie comme critère absolu de l'existence, si on se dit que la joie vaut plus que tout, alors on peut très bien en conclure : « Tous les moyens sont bons pour cette joie ! » Y aurait-il des joies qui sont moins joies parce qu'elles sont illusoires ?

*R. E.* : C'est ce que j'allais vous demander. Peut-être ne sont-elles pas de même nature, peut-être est-ce à distinguer ces deux ordres de la joie qu'il faudrait consacrer cette partie ultime ?

*P. S.* : La joie de l'illusion tient moins le coup, ou du moins la joie apportée par une illusion dont on peut sortir. Avec Spinoza, on peut retrouver cette idée, qu'on a déjà évoquée, que l'illusion n'est pas complètement opposée à la vérité. C'est-à-dire que, même pour obtenir une vérité, pour comprendre certaines choses, il faut produire parfois des fictions, mais des fictions dont on connaît la nature, et qu'on maîtrise au moins en partie. Il s'agirait donc de produire des illusions, ou plutôt des fictions, qui vont nous permettre de rendre compte du réel. Ainsi un récit, par exemple un film ou un roman, relève de la fiction, et donc de l'illusoire, parce qu'il s'agit d'une apparence qui n'est pas la réalité ; néanmoins, bien agencée, cette fiction va nous faire bien mieux comprendre la réalité que, peut-être, une description qui n'aurait pas cette saveur de l'illusion. Ainsi *Vertigo* nous fait bien mieux comprendre et sentir le jeu de l'illusion et de l'amour qu'un traité aride sur cette question. Mettons donc l'illusion qui réconforte au service de la vérité qui dérange, au lieu de préférer l'une à l'autre... Mais, en même temps, cela signifie qu'on n'est pas complètement pris au jeu de cette illusion, qu'on est un peu en position de maîtrise.

*R. E.* : Et si on inversait les termes ? cette fois-ci, en remplaçant la maîtrise par l'absence de la maîtrise ? Dans *Le Misanthrope*, par exemple, Alceste devant Célimène, Alceste qui est le porte-parole de la vérité, le héros de la vérité, qui, face à l'évidence de la vérité – c'est-à-dire les bassesses de Célimène, en tout cas ses coquetteries, que lui désigne comme des bassesses ou des infamies –, dit ceci, en désespoir de cause : « Efforcez-vous ici de paraître fidèle, et je m'efforcerai, moi, de vous croire telle. » En d'autres termes, le héros de la vérité lui demande l'illusion qui réconforte...

*P. S.* : Oui, en effet, le plaisir demeure au fond le critère. Ou la joie, le réconfort...

*R. E.* : Mais c'est de la douleur aussi…

*P. S.* : Sans doute, puisque cet « effort de croire » chez Alceste sent la souffrance et la résignation. Même le héros de la vérité doit savoir que la puissance du vrai n'est pas absolue, et qu'elle pourra toujours baisser les armes devant la recherche du plaisir. Mais plutôt que de conclure sur la toute-puissance de l'illusion, je camperais sur la préférence qu'il faut accorder, même d'un point de vue existentiel, à la vérité, et ce, quel qu'en soit son prix, car c'est elle qui procure les véritables joies. Ceci dit, la vérité, si elle n'est pas trop naïve, devra savoir qu'elle aura souvent besoin des puissances de l'illusion pour être la préférée…

PLAN DU PROFESSEUR

## L'illusion qui réconforte est-elle préférable à la vérité qui dérange ?

### Introduction

*Définition des termes du sujet* : insistance sur la notion mineure de « préférence ».

*Position de la problématique* : à quelle condition et selon quels critères est-il de possible de préférer la vérité qui dérange à l'illusion qui réconforte, ou l'inverse ?

*Condition* : être, au moins en partie, extérieur à l'illusion, pour pouvoir éventuellement la choisir (avoir conscience de l'illusion).

*Critères* : distinction entre un critère moral (la morale des principes) et un critère existentiel (le calcul des conséquences, pour soi ou pour autrui, en vue de l'affirmation de sa puissance).

### I. Examen des critères de préférence.

*1. Examen, à partir de l'exemple du médecin, du critère moral de la préférence (le devoir de sincérité : voir Kant).*

2. *Examen du critère existentiel* : problème de la maîtrise de la contingence dans le calcul des conséquences (la médecine comme art). Application du critère existentiel à autrui (le réconfort comme facteur psychologique) et à soi (choisir par confort pour soi la vérité dérangeante pour autrui).

3. *Nécessité, en économie et en politique, de jouer avec les passions de la collectivité (l'espoir et la crainte : voir Spinoza)*. Du rôle de la religion en politique. Limites, en politique, du rôle de la rationalité mais aussi de l'usage des illusions réconfortantes.

*Transition* : n'y a-t-il pas une vérité des illusions, qui nous empêche d'opposer illusion et vérité ?

## II. La puissance de l'illusion.

1. *Le jeu des illusions (étymologie :* ludere*)* : l'illusion se joue de nous. Plaisir du jeu de l'illusion. Ex. : le récit cinématographique. L'illusion comme première approche positive de la réalité.

2. *Le vertige des illusions* : on peut se perdre dans le plaisir de l'illusion. Analyse de *Vertigo* de Hitchcock.

3. *L'illusion est d'autant plus dangereuse qu'on espère découvrir en elle toute la vérité* : lorsque l'illusion se dissipera, dure sera la chute.

*Transition* : la joie de l'illusion est-elle moins joie que la joie de la vérité ?

## III. *La fiction servante de la vérité.*

1. *Le critère existentiel est toujours le plus fort, et c'est lui qui fait préférer la vérité* : parce que le réconfort y est le plus durable.

2. *Distinguer ce sur quoi porte la vérité (une désillusion qui dérange) et ce qu'elle apporte (une maîtrise joyeuse de ses anciennes illusions).*

3. *Que la joie de la vérité est plus grande si elle se sert des puissances joyeuses de l'illusion.*

## Conclusion

Nécessité existentielle de préférer la vérité qui dérange, car son réconfort est plus grand ; mais nécessité aussi pour la vérité de reconnaître sa faiblesse, et son besoin de l'illusion pour être la préférée.

## QUELQUES RECOMMANDATIONS DE LECTURE

**Œuvres citées :**

- SPINOZA, *Éthique*, partie II, proposition 17, scolie et partie IV, proposition 1, scolie (Garnier Flammarion, p. 94-95 et p. 222-223) : sur la puissance de l'imagination et de l'illusion.
  *Traité théologico-politique*, préface (Garnier Flammarion, p. 19-28) : sur le lien entre religion et affects d'espoir et de crainte.
- PASCAL, *Pensées*, 100, éd. Brunschvicg (Garnier Flammarion, p. 81) : sur la haine de la vérité, le désir de tromper et d'être trompé. (« Dire la vérité est utile à celui à qui on la dit, mais désavantageux à ceux qui la disent, parce qu'ils se font haïr »).

**Film :**

- HITCHCOCK : *Vertigo* (*Sueurs froides*), 1958, avec Kim Novak et James Stewart.

**Œuvres complémentaires :**

- KANT, *Sur un prétendu droit de mentir par humanité* : sur l'absolu devoir de vérité, ou plutôt de sincérité.
- DESCARTES, *Méditations métaphysiques*, fin de la première méditation (Garnier Flammarion, p. 67 et 69) : sur la complaisance avec soi-même dans l'illusion.
- SAINT AUGUSTIN, *Les Confessions*, Livre X, chap. 31 (Garnier Flammarion, p. 233-235) : sur la duperie de soi dans la recherche des plaisirs, et le combat contre la tentation.
- NIETZSCHE, *L'Antéchrist* : sur la critique de la morale (de la « moraline ») qui cultive la souffrance, sur le refus du « mensonge sacré », chrétien, concernant l'existence d'un arrière-monde, et sur la valorisation des illusions qui affirment la vie réelle.

# Table des matières

*Photocomposition Nord Compo*
*Villeneuve-d'Ascq*

Cet ouvrage a été imprimé en France par
CPI Bussière
à Saint-Amand-Montrond (Cher)
en mars 2010

36-10-0678-7/01

Dépôt légal : mars 2010.
N° d'impression : 100845/1.